Dinâmicas para aulas de Língua Portuguesa

Dados Internacionais de Catalogação na Publicação (CIP)
(Câmara Brasileira do Livro, SP, Brasil)

Almeida, Rita de Cássia Santos
  Dinâmicas para aulas de Língua Portuguesa / Rita de Cássia Santos Almeida. – Petrópolis, RJ : Vozes, 2019.
  Bibliografia.

  1ª reimpressão, 2020.

  ISBN 978-85-326-6018-3
  1. Aprendizagem 2. Atividades 3. Jogos educativos 4. Português (Ensino Fundamental) 5. Prática de ensino 6. Sala de aula – Direção I. Título.

18-22551   CDD-372.6

Índices para catálogo sistemático:
1. Jogos de aulas de português : Ensino Fundamental   372.6

Cibele Maria Dias – Bibliotecária – CRB-8/9427

RITA DE CÁSSIA SANTOS ALMEIDA

Dinâmicas para aulas de Língua Portuguesa

Petrópolis

© 2019, Editora Vozes Ltda.
Rua Frei Luís, 100
25689-900 Petrópolis, RJ
www.vozes.com.br
Brasil

Todos os direitos reservados. Nenhuma parte desta obra poderá ser reproduzida ou transmitida por qualquer forma e/ou quaisquer meios (eletrônico ou mecânico, incluindo fotocópia e gravação) ou arquivada em qualquer sistema o banco de dados sem permissão escrita da editora.

CONSELHO EDITORIAL

Diretor
Gilberto Gonçalves Garcia

Editores
Aline dos Santos Carneiro
Edrian Josué Pasini
Marilac Loraine Oleniki
Welder Lancieri Marchini

Conselheiros
Francisco Morás
Ludovico Garmus
Teobaldo Heidemann
Volney J. Berkenbrock

Secretário executivo
João Batista Kreuch

Editoração: Maria da Conceição B. de Sousa
Diagramação: Sheilandre Desenv. Gráfico
Revisão gráfica: Nilton Braz da Rocha
Capa: Estúdio 483

ISBN 978-85-326-6018-3

Editado conforme o novo acordo ortográfico.

Este livro foi composto e impresso pela Editora Vozes Ltda.

Dedico este livro aos que buscam ensinar por prazer àqueles que buscam uma vida melhor...

Agradecimento

Agradeço a Deus, pelas ideias e momentos para poder registrá-las.

Ao meu marido Hélio, que pacientemente me permite não lhe dar atenção, para minha concentração...

Aos filhos e netos que me permitem viver em constante expectativa de contribuir com dias melhores na área da educação...

A todos, o meu muito obrigada!!

Sumário

Apresentação, 9

Jogo 1 Classificação dos substantivos, 11

Jogo 2 Flexão dos substantivos, 16

Jogo 3 Emprego do artigo, 19

Jogo 4 Emprego dos numerais, 26

Jogo 5 Classificação dos pronomes, 37

Jogo 6 Adjetivos: O que é, o que é?, 43

Jogo 7 Emprego dos verbos: conjugação, 48

Jogo 8 Emprego dos verbos, 55

Jogo 9 Conjunções (coordenadas e subordinadas), 62

Jogo 10 Advérbios, 67

Jogo 11 Concordância nominal, 71

Jogo 12 Concordância verbal, 76

Jogo 13 Uso da crase, 81

Jogo 14 Regência nominal – Uso de preposições, 86

Jogo 15 Regência verbal, 91

Jogo 16 Funções da linguagem, 97

Jogo 17 Significação das palavras, 104

Jogo 18 Variedade linguística, 109

Jogo 19 Processo de formação das palavras, 113

Jogo 20 Discurso direto e indireto, 121

Jogo 21 Coesão textual, 127

Jogo 22 Expressões duvidosas, 132

Gabarito, 137

Referências, 151

Apresentação

Há tempos venho investindo nas ações e na ideia de que é necessário que os alunos sejam participantes ativos das aulas, e não apenas meros espectadores. O motivo pelo qual continuo acreditando no uso de jogos como estratégia de aprendizagem diz respeito a isso; ao aluno estar em atividade cognitiva contínua, em interação com o outro, e principalmente fazendo uso da palavra, em constante metacognição. Já é mais do que evidente que quanto mais se fala num determinado tema, mais fácil ficará de apropriar-se dele.

Diante de inovações tecnológicas fantásticas, ainda havemos de defender que em sala de aula, em determinadas escolas, o imediato será sempre algo que se tem à mão. Nesse caso, podemos ver nos jogos uma atividade dinâmica, cujo aluno precisa interagir, rever conteúdos; defender os conceitos construídos e envolver-se com outros em construção e, finalmente, estar em atividade, cujas atitudes o orientarão a conviver em grupo, respeitando normas sociais.

Jogar em sala de aula também nos leva a pensar que, para prender a atenção dos alunos, nada melhor do que as relações professor-aluno e ensino-aprendizagem estejam em sintonia constante, sejam dinâmicas, permitindo que haja troca de saberes e de aprendizagens; que ao expor (parcialmente) os conhecimentos, os alunos estejam *aprendendo*. Enfim, os que participam ativamente do processo usam diversas funções cerebrais simultaneamente, o que lhes permite aprender mais e significadamente.

Contribuindo com essas ideias, reportemo-nos ao psiquiatra Willian Glasser, que criou a pirâmide da aprendizagem, em cujo ápice está a porcentagem de 10% àquele que aprende a partir da leitura e em contrapartida, mostra que 80% das pessoas aprendem por meio da própria prática – quando precisa demonstrar, interpretar etc. – e 95%, a partir do momento que pratica a *ensinagem*; ou seja, em nosso caso, a partir do momento que o aluno participa ativamente. Nos jogos em grupo, o *jogador* a todo momento precisará apresentar seus argumentos para explicar/justificar os conceitos, usos da linguagem e executar outras ações exigidas pelo jogo, para atingir os objetivos que traz. Assim, ao participar dos jogos, o aluno alcança essas etapas mais ativamente e tem maior chance de aprender.

Reforcemos que ao jogar é possível proporcionar oportunidades que visam a objetivos conceituais, procedimentais e atitudinais. Em todos os jogos, considera-se, mesmo que implicitamente, que o aluno absorve os conceitos, apropriando-se das articulações provocadas pelo exercício de pensar, refletir, conectar, processar, verificar e confirmar ou não suas hipóteses; mas somente quando o aluno for desafiado a isso, será capaz de mostrar suas habilidades e competências para resolver os problemas apresentados. Um jogo é exatamente isso: situações de desafios que levam o jogador a querer vencer; que conduzirá o aluno a exercitar-se para se sair bem e vitorioso, e por circunstância, com conceitos agregados aos porquês.

Além disso, o jogo visa a objetivos procedimentais. Basta lançar o problema para que os alunos se unam para ler e planejar um caminho para a solução; articulem um esquema ou façam uma classificação e/ou outras tantas ações que podem tomar para ir em busca de solução. Por fim, consideremos que atitudinalmente os alunos têm muito a ganhar: terão que pôr em prática o respeito e a tolerância em relação ao outro, a obediência às regras; prestar atenção e colaborar com os colegas, além de tantas outras ações vinculadas à prática de estar em grupo.

Diante do exposto, vale acreditar que, distante da tecnologia, das propostas de ensino híbrido que ainda não se encontram totalmente acessíveis a todos, para confirmar uma aprendizagem significativa para o aluno, o jogo deve ser estabelecido como recurso mínimo, indispensável, pela praticidade e oportunidade de discutir e compreender novos conceitos.

Classificação dos substantivos

Jogo 1

> A partir do 5º ano

Objetivo

- Formar pares de cartas que apresentam **Substantivos Abstratos** e seus **Antônimos**.

Material

- 30 cartinhas em papelão (retângulos de 20cm X 8cm).
- 1 envelope para colocar o jogo organizado para cada grupo.
- Fita adesiva para colar as fichas na lousa.
- 1 dado feito de papelão (10cm X 10cm X 10cm) com números de 1 a 6.

Como organizar o material

- Corte os retângulos e depois escreva em cada um ou cole as palavras e frases, digitadas em fonte maior, pois as cartinhas devem ser visíveis a todos.

Modelos

SUBSTANTIVOS	PERÍODO COM ANTÔNIMO
TRISTEZA	Após superar minha..., é hora de grande ALEGRIA.
GRATIDÃO	É importante que todos se lembrem da... a respeito da vida e não sintam INGRATIDÃO, reclamando sempre.
AMOR	O DESPREZO é um sentimento que jamais combinaria com...
FELICIDADE	A INFELICIDADE pode ser combatida com um abraço, que certamente provocará...
FOME	Uma boa REFEIÇÃO pode superar a...
ARRUMAÇÃO	A BAGUNÇA que as crianças fizeram, desapareceu após a...
DOENÇA	Quem tem SAÚDE, nunca vai saber o que é ter uma...

RIQUEZA	A POBREZA pode não se referir ao dinheiro, mas a... tem mais ligação com o dinheiro.
COR	Além da água, há muitos líquidos INCOLORES, mas quando tem... é mais fácil de imaginar o que é.
HONESTIDADE	A MENTIRA é o que estraga as pessoas; ao contrário, a... é destaque nas que são boas.
DESONRA	A inferioridade dos anões não está na sua ALTURA, mas em sua...
ILUSÃO	Luiz teve grande DESILUÇÃO com a namorada, e nem se deu conta da... que sustentou.
PARTIDA	A CHEGADA do atleta nem o fez lembrar dos problemas na hora da...
GENTILEZA	A garota só mostrou GROSSERIA ao conversar com o pipoqueiro. Não podia mostrar um pouquinho de...?

| RAPIDEZ | A DEMORA do entregador, fez o cliente cancelar o pedido, pois só a... mostra a eficiência na entrega. |

| ENTRADA | Nem mesmo a SAÍDA estando livre impediu que a turma se espremesse na... |

| DISPOSIÇÃO | O garoto apresentava INDISPOSIÇÃO, por isso faltou, porém, para jogar bola a... era total!! |

| MALDADE | Nestor mostrou COMPAIXÃO ao encontrar o cachorro, pois percebeu tamanha... que fizeram com ele. |

| VIDA | A MORTE é o fim para todos, por isso precisamos curtir a... |

| FRIO | O CALOR do salão era insuportável e nos fazia lembrar o quão gostoso é o clima mais... |

- Dentro de cada envelope coloque o mesmo número de períodos para cada grupo.
- Num saquinho plástico ou caixa, coloque as fichas-substantivos para você controlá-las.

Como jogar

- Em grupos de até 4 alunos, cada equipe receberá um envelope contendo X cartas (depende do número de alunos) com as frases.

- Oriente-os para retirar o material do envelope, para conhecerem as frases e trocarem ideias entre si sobre o conteúdo de todas elas.

- Desenhe um quadro na lousa para anotar a pontuação dos grupos.

- Inicie a partida jogando o dado. O número que cair será o valor da rodada.

- Retire uma palavra do saquinho e leia em voz alta. Dê um minutinho (ou combine que contará até 10, por exemplo) para os grupos verificarem se nas frases que eles têm há em destaque o substantivo abstrato antônimo daquele que você leu.

- O grupo que tiver o par, deverá se apresentar, e ler o período destacando os antônimos. Em seguida colará na lousa (ou num painel, se tiver), as cartas que apresentam a resposta correta.

- Fechando essa rodada, joga o dado novamente e sorteia outra palavra. E assim, sucessivamente.

- Ao final, leia todos os períodos e substantivos-antônimos para fixação.

- Se possível, aproveite para explorar os substantivos abstratos, combinando de fazer novo jogo em outro dia etc. Use a criatividade e bom jogo!!

Observação

- Esse jogo pode servir de base para diversos assuntos referentes às Classes Gramaticais; basta fazer as adaptações.

Jogo 2

Flexão dos substantivos

> A partir do 5º ano

Objetivo

- Reforçar a flexão dos substantivos, quanto ao Gênero, Número e Grau.
- Treinar as concordâncias nominal e verbal.

Material

- Fichas-tarefas.
- Fichas-comandos.
- Um dado com os números 1, 2 e 3, apenas.
- Tabuleiro desenhado no chão, no centro da sala.

Como organizar o material

- Prepare as tarefas e os comandos. Podem ser desenvolvidos no dia do jogo, pelos próprios alunos, para que reforcem o aprendizado. Além disso, estarão mais motivados para *vencer* e tentarão elaborar bons desafios. Por exemplo, cada grupo prepara 5 períodos; em outro dia, fazem outros, com novos desafios. Antes de iniciar a partida, corrija os períodos, e se houver necessidade de correção, chame o autor para os acertos.

- Faça as fichas-comandos em um papel-cartão, pois essas sempre serão as mesmas; usadas em todos os jogos, por isso você deve ter diversas, pois em dias diferentes pode trocá-las, para que o jogo não fique repetitivo ou monótono.

Observação

- Exemplo de tarefas e comandos (que podem ser adaptados da maneira que convier). Neste caso, em relação ao **Número dos Substantivos**. Você deve orientar os alunos quanto ao tema que será explorado, para terem oportunidade de estudar antes ou elaborar o material (Passar os períodos para o plural, por exemplo).

Modelos de Fichas-tarefas

A MENINA RASGOU O LENÇOL.	O ANÃO TORNOU-SE CORONEL.
O TREM PARTIRÁ ÀS ONZE HORAS.	VIAJAREI TODA SEXTA-FEIRA PARA FAZER O CURSO.
EM CASA, NÃO FALTA COUVE-FLOR.	NA SALA DE JANTAR A LUZ É FRACA.
O LADRÃO FUGIU PELO VITRÔ DA SALA.	MEU PAI SEMPRE TRAZ UM BOMBOM PARA MIM..

Modelos de Fichas-comandos

VOCÊ ESTÁ COM SORTE;
AVANCE UMA CASA.

DESCANSE UMA RODADA,
POIS É ESPERTO DEMAIS, E PRECISA
REPOUSAR UM POUQUINHO.

PARABÉNS!! VOCÊ RECEBEU UM PRESENTE
DO AMIGO: AVANCE DUAS CASAS.

ESPERE O AMIGO QUE ESTÁ POR ÚLTIMO;
ELE PRECISA DE SEU APOIO.

VOCÊ ESTÁ ESPERTO DEMAIS!!
VOLTE UMA CASA.

VOCÊ ESTÁ SE DANDO BEM!!
AVANCE UMA CASA!!

Como jogar

- Desenhe o tabuleiro no chão e coloque aleatoriamente algumas fichas-comandos (quantas você achar conveniente).
- Organizada por até 4 alunos, cada equipe receberá um envelope contendo X cartas (depende do número de alunos) com as frases.
- Todos da equipe abrirão o envelope e discutirão sobre os desafios nele contidos (Neste caso, colocar no plural).
- Em sentido relógio, inicie a partida, jogando o dado para ver a quantos pontos tal equipe estará concorrendo.
- A seguir, um aluno desse grupo deverá escolher uma ficha-tarefa, ler em voz alta e responder o que se pede.
- Todos os grupos deverão estar atentos nesse momento, pois precisarão aceitar ou recusar a resposta.
- Caso tenha acertado, a equipe receberá tal número de pontos; caso erre, deixa de ganhar.

Observação
- O jogo seguirá assim, até que uma (ou mais) equipe(s) chegue(m) ao fim, e vença(m) pela pontuação.

Emprego do artigo

Jogo 3

> A partir do 6º ano

Objetivo

- Apreender o emprego correto dos artigos no contexto apresentado.
- Observar que os artigos podem alterar o sentido dos substantivos que acompanham.
- Perceber a importância do uso dos artigos nas frases e textos.

Material

- Cartelas semelhantes às de bingo, conforme sugestão abaixo.
- Cartelas com as regras sobre o emprego dos artigos.
- Milho, feijão, palitos ou bolinhas de papel para colocarem sobre o período que selecionarem (3 para cada grupo).

Como organizar o material

- Cartelas.

Observação

- Nas frases das cartelas, o símbolo "⊘" significa omissão do artigo.

| | Após **o** sim, a noiva caiu em prantos!! | |
| Entrou **num** beco escuro e arrepiou-se todo. | | Na maleta encontrava-se todo **o** dinheiro do caixa. |

| **O** jornal divulgou **o** prêmio anual de Redação. | | **O** zoológico recebeu **as** zebras que estava esperando. |
| | O acidente aconteceu **umas** oito horas. | |

| Encontramos a bolsa, cujos ⊘ papéis estavam guardados. | | **Ambos os** artistas cantam muito bem!! |
| | O ladrão entrou **na** casa do vizinho e foi surpreendido pelos donos. | |

	Lucas derrubou **o** rádio novo de sua avó.	
Enquanto todos festejavam, estávamos em ⊘ casa.		Foram **os** seus desleixos que atrapalharam sua carreira.

O agregado foi recebido por ⊘ Vossa Alteza, logo de manhã.		~~Um~~ certo dia, os alunos do 6º ano foram ao museu, porém, pouco aproveitaram.
	Os astronautas continuaram em ⊘ terra, enquanto não lançavam o foguete.	

A hortelã é uma planta com propriedades terapêuticas.		Não encontrei **a** Márcia na comemoração ao dia dos professores.
	A entrega do prêmio foi **um** desastre!!	

21

A leitura feita na sala levou **os** alunos à melhor compreensão do texto.

No banco Mercosule S.A. **a** caixa é uma estúpida!!

Na dança de salão, ambos **os** irmãos se saíram muito bem!!

A professora, logo após notar a ausência do garoto, perguntou em voz alta: "Onde **o** Lucas está, meninos??"

Após ler todas as redações, o professor selecionou de ~~um~~ outro aluno, e não, do tão esperado João.

No planeta Terra, por enquanto, **o** homem é a espécie reconhecidamente como inteligente.

No sábado, nosso setor trabalhou das 7h **às** 11h e ninguém reclamou!

Luís foi escolhido para entregar as honras **à** senhora presidente do Conselho.

Helena revelou o conteúdo do livro cujas ⊘ folhas estavam amareladas.

O rapaz envolveu toda **a** família na confusão que criou.

O encontro entre o casal ocorreu entre **as** 20h e **as** 21 horas.

O salão estava repleto! Devia ter **umas** duzentas pessoas...

Na cesta toda enfeitada, viam-se **as** frutas e **os** doces preferidos do rei.

As minhas escritas revelam boa parte do meu perfil...

Deve-se pensar melhor, quando for usar **o** mais e **o** mas.

Na hora **da** bela menina revelar quem era seu amigo secreto, a luz se apagou.

Este trabalho ficou **uma** maravilha!!

A leitura feita na sala levou **os** alunos à melhor compreensão do texto.

- Cartões para recortar e "cantar"

23

Modelos

O Artigo definido expressa precisão aos substantivos.

Quando o artigo se antepõe a qualquer palavra (de qualquer classe gramatical) pode torná-la substantivo.

Os artigos indicam o número e o gênero dos substantivos.

Às vezes, os artigos fazem combinações com preposição.

O artigo pode revelar proximidade.

O pronome indefinido "todo" apresenta ideia de "totalidade" quando seguido do artigo definido.

O artigo não deve aparecer junto ao pronome indefinido "cujo".

O artigo define o sentido dos substantivos homônimos.

Antes das palavras "casa" (lar) e "terra" (chão) não se usa artigo, exceto quando acompanhado de modificadores.

O artigo deve ser usado entre o numeral "ambos" e o substantivo a que se refere.

Antes dos pronomes de tratamento não se usa artigo.

Antes dos pronomes possessivos, o uso do artigo é facultativo; depende da ênfase que se quer dar (ou não) ao substantivo.

Para indicar familiaridade e/ou afetividade à outra pessoa, usa-se o artigo diante do nome próprio.

Antes dos pronomes "outro", "tal" e "certo", é mais elegante omitir artigo indefinido.

O artigo definido pode ser usado para indicar uma "espécie" inteira.

O artigo indefinido pode exaltar o substantivo, numa situação exclamativa.

<u>Como jogar</u>

- Após ter trabalhado e explorado bem o conteúdo teórico sobre o tema, preparar os materiais e marcar com antecedência o dia em que será aplicado o jogo.
- No dia, dividir a turma em duplas ou trios para poderem discutir cada item "cantado" e chegar à resposta correta, para marcar.
- Após um tempo para discutirem e marcarem a resposta correta (se tiverem em sua cartela), o professor continua, até que algum grupo avise que encontrou as 3 respostas em sua cartela.
- Nesse momento, o professor confere e verifica se realmente acertaram, para trocar as cartelas e iniciarem nova rodada.

Jogo 4

Emprego dos numerais

A partir do 5º ano

Objetivo

- Estudar as possibilidades de emprego dos numerais.
- Fazer a leitura dos numerais, corretamente.
- Observar o emprego e flexão dos numerais

Material

- Cartinhas em papelão (retângulos de 20cm X 8cm), de acordo com as sugestões a seguir.

Como organizar o material

- Corte os retângulos e depois escreva em cada um ou cole as frases digitadas em fonte maior, pois as cartinhas devem ser visíveis a todos. Ou ainda, use as sugestões que seguem nesta atividade.
- Para montar as fichas, separe a última coluna, pois essa será a cartinha que será lida como o "desafio ao grupo adversário". Dessa forma, digamos que agora existe a parte "1" com o numeral e a tarefa a ser executada, e a parte "2", formada pelas fichinhas da terceira coluna.
- Seria interessante colar em papelão para o material durar mais tempo.

Modelo

Numeral Cardinal e Ordinal

Leia corretamente, em voz alta:
"O Papa João XXIII" é o título dado ao filme sobre um homem que mudou a história e tocou o coração de milhões de pessoas.

5 pontos

Numerais **ordinais** são usados para indicar reis, imperadores, papas, séculos e partes (capítulos) de obras até chegar ao **décimo**. Aos que se seguirem, deve-se utilizar os numerais **cardinais**.

Numeral Cardinal e Ordinal

Leia corretamente, em voz alta:
No capítulo **XIII**, o livro já inicia a revelação do assassinato no Lago Mercês.

5 pontos

Numerais **ordinais** são usados para indicar reis, imperadores, papas, séculos e partes (capítulos) de obras até chegar ao **décimo**. Aos que se seguirem, deve-se utilizar os numerais **cardinais**.

Numeral Cardinal e Ordinal

Leia corretamente, em voz alta:
D. Pedro **II** foi o segundo e último Imperador do Império do Brasil, de 1840 até sua destituição em 1889.

4 pontos

Numerais **ordinais** são usados para indicar reis, imperadores, papas, séculos e partes (capítulos) de obras até chegar ao **décimo**. Aos que se seguirem, deve-se utilizar os numerais **cardinais**.

Numeral Cardinal e Ordinal

Leia corretamente, em voz alta:
Art. **1º** – Esta Lei dispõe sobre a proteção integral à criança e ao adolescente (ECA,1990).

3 pontos

Numerais **ordinais** são usados para designar leis, decretos e portarias até o nono e o **cardinal** de dez em diante.

Numeral Cardinal e Ordinal

Leia corretamente, em voz alta:
Art. **15** – A criança e o adolescente têm direito à liberdade, ao respeito e à dignidade como pessoas humanas em processo de desenvolvimento e como sujeitos de direitos civis, humanos e sociais garantidos na Constituição e nas leis (ECA, 1990).

4 pontos

Numerais **ordinais** são usados para designar leis, decretos e portarias até o nono e o **cardinal** de dez em diante.

Numeral Ordinal

Leia corretamente, em voz alta:
O **1º** da fila foi o professor; o **14º** fui eu e o **23º** foi meu irmão.

3 pontos

Numerais **ordinais** são usados antes do substantivo; portanto, sua leitura segue a ordem que sugere.

Numeral Cardinal

Leia corretamente, em voz alta:

Os **2.000.000,00** do cofre do deputado sumiram!!

4 pontos

Numerais **cardinais** acompanhados de **"milhares"** e **"milhões"** são usados com artigo masculino mantendo concordância correta.

Numeral Cardinal

Leia corretamente, em voz alta:

Os **3 milhares** de desempregados continuam à procura de qualquer emprego.

3 pontos

Numerais **cardinais** acompanhados de **"milhares"** e **"milhões"** são usados apenas com artigo masculino mantendo concordância correta.

Numeral Cardinal

Leia corretamente, em voz alta:

1.000,00 reais são suficientes para a família viajar nas férias.

3 pontos

Não se recomenda o uso do numeral **cardinal "um"** quando estiver acompanhando o numeral **"mil"** (no singular).

Numeral Cardinal

Leia corretamente, em voz alta, observando a pontuação:
O cheque de $1.234,56 foi descontado no caixa, ontem.

3 pontos

Não se recomenda o uso do numeral **cardinal "um"**; nem **"hum"** redigido em cheques, notas promissórias etc. que iniciam por "um". Também não se usa vírgula entre os números.

Numeral Cardinal

Observe a pontuação e leia em voz alta.
Hoje é dia 5 de agosto de 2018.

5 pontos

Não se usa ponto entre os numerais quando estes representarem datas.

Numeral Cardinal

Leia corretamente, em voz alta, observando a pontuação:

No jogo de cartas atingimos 3.528 pontos e vencemos.

4 pontos

Não se usa ponto entre os numerais quando estes representarem datas. Exceto isso, usa-se o ponto entre centenas e milhares.

32

Numeral Coletivo

Leia corretamente, em voz alta, observando a palavra destacada. Três **dúzias** de ovos custaram trinta e dois reais!!

5 pontos

Numerais coletivos são os que representam grupos de elementos; permitem a flexão de número.

Numeral Multiplicativo

Leia corretamente, em voz alta, observando a palavra destacada. O **dobro** de doze equivale ao **quádruplo** de seis.

3 pontos

Numerais multiplicativos são os que representam aumento da quantidade; podem variar em gênero e número, quando exercem função de adjetivo. Quando são "substantivo" ficam invariáveis.

Numeral Multiplicativo

Leia corretamente, em voz alta, observando a palavra destacada. Foram decretadas as **triplas** alianças entre os países.

4 pontos

Numerais multiplicativos são os que representam aumento da quantidade; podem variar em gênero e número, quando exercem função de adjetivo. Quando são "substantivo" ficam invariáveis.

Numeral Fracionário

½ ⅓ ¼ ⅔
¾ ⅜ ⅝ ⅞

Leia corretamente, em voz alta, observando o numeral destacado. Os atletas já alcançaram **2/3** da corrida.

4 pontos

Numerais fracionários são os que representam em quantas partes algo foi dividido. Podem variar em gênero e número, concordando com o numeral que o antecede. Em denominadores maiores que dez, acrescenta-se a palavra avos.

Numeral Fracionário

½ ⅓ ¼ ⅔
¾ ⅜ ⅝ ⅞

Leia corretamente, em voz alta, observando o numeral destacado. Meu avô recebeu apenas **1/13** da aposentadoria

Numerais fracionários são os que representam em quantas partes algo foi dividido. Podem variar em gênero e número, concordando com o numeral que o antecede. Em denominadores maiores que dez, acrescenta-se a palavra <u>avos</u>.

3 pontos

Como jogar

- Organize a sala como preferir – duplas, trios ou quartetos
- Distribua, por exemplo, 3 cartinhas para cada grupo – "parte 1" (1ª e 2ª colunas).

Observação

- Não há necessidade de usar todas as cartinhas no mesmo dia. Caso ache interessante, reproduza a "parte 1" duas vezes, pois dará chance de diferentes grupos pegarem a mesma carta. Se preferir, crie outras a seu critério.
- Oriente-os para lerem bem para poder associar sua carta com a que a professora ler.
- Coloque todas as cartinhas da "parte 2" (3ª coluna) numa caixa ou saco para depois você sortear uma delas e ler em voz alta para os grupos.

- O grupo que tiver a parte 1, correspondente à parte 2, lida pela professora, deve se manifestar e comentar porque é o "parceiro" daquela carta.

- Se acertar, recebe os pontos contidos na cartinha; se errar, não pontua nada.

- Continue no sentido relógio até dar oportunidades iguais a todos os grupos. Ao terminarem, somam os pontos.

Classificação dos pronomes

Jogo 5

A partir do 5º ano

Objetivo

- Fixar o emprego dos pronomes.
- Observar e reforçar o emprego e concordância dos pronomes

Material

- Fichinhas em papelão (retangulares), com um pedacinho de velcro colado no verso com períodos usando pronomes, para uso do professor.
- Um painel, feito com papelão (ou similar), com colunas e linhas (conforme o modelo), com um pedacinho de velcro, colado no centro, na frente.

Como organizar o material

• Faça um painel (ampliado) conforme o modelo, em papelão, *com velcro nos retângulos.* **(Painel 1)**

• Faça retângulos do mesmo tamanho que os espaços do painel 1 e depois escreva em cada um, ou cole, as frases ou períodos digitados em fonte maior. (Deixo sugestões, mas podem ser elaborados como quiser). (Fichinhas 1)

- Prepare as fichinhas com a classificação dos pronomes. (Fichinhas 2)
- 1 dado.

Observação

- Também há possibilidade de fazer *tudo* em transparências, e ao colocar no retroprojetor, vai completando o quadro, do mesmo jeito.

Painel 1 – Com velcro nos retângulos – Modelo (Colar na lousa)

Fichas para o painel – Com velcro atrás

Meu cachorro fugiu.

Ninguém se machucou no acidente.

Nós **nos** vimos ontem à tarde.

Deixem **isso** para depois!! Não briguem!

Quais livros você leu nas férias?

Os meninos saíram. **Eles** não me esperaram

Encontrei a chave **que** você queria.	A menina **se** viu fantasiada pela primeira vez!!	**Nada** acontece sem razão!
Eu disse a você o que ouvi **dele**.	Todos nós **nos** beneficiamos com a pontuação.	**Quantas** pessoas foram convidadas?
Qual o resultado do problema?	**Você** gosta de ler José de Alencar?	**Algum** dia as leis vão nos favorecer?
Isto está de seu agrado, **Vossa Alteza**?	O livro, **cujas** folhas amarelaram, é do João.	Não **me** diga que não fez a lição!!
O registro está **naquela** bolsa preta.	**Seus** dias estão contados!!	Luís não **te** ama mais!!
Que dia vamos nos reunir?	Nesta vida, **tudo** vale a pena!!	O **senhor** poderia nos ajudar?

(Fichinhas 1)

Fichas para o professor "sortear e cantar"

POSSESSIVO	INDEFINIDO	PESSOAL
DEMONSTRATIVO	INTERROGATIVO	PESSOAL
RELATIVO	REFLEXIVO	INDEFINIDO
POSSESSIVO	REFLEXIVO	INTERROGATIVO
INTERROGATIVO	TRATAMENTO	INDEFINIDO
TRATAMENTO	RELATIVO	PESSOAL

(Fichinhas 2)

Como jogar

- Organize a sala como preferir (duplas, trios ou quartetos) e peça para os grupos se sentarem separadamente.
- Cole o Painel vazio (Painel 1), no centro da lousa, para todos poderem acompanhar.
- Antes de preparar o jogo, verifique se o número de fichinhas com períodos é suficiente. Caso não, amplie tanto o painel, como as fichinhas.
- Misture bem as fichinhas 1 e distribua-as aos grupos (em número igual). Solicite que "estudem as frases" e discutam a classificação dos pronomes. Se achar interessante, peça para as copiarem no caderno etc., para em seguida iniciar o jogo.
- Tudo organizado, jogue o dado para ver quanto valerá a rodada – faça isso todas as vezes que fechar o circuito.
- Sorteie uma fichinha de pronome e dê um tempo para ver qual grupo se manifesta, dizendo que possui tal pronome em uma de suas frases.
- Se dois ou mais tiverem, todos apresentarão sua frase e explicarão por que classificaram o pronome em destaque, na ficha, como aquele que você "cantou".

- Cada vez que um grupo ler sua frase, solicite à sala que ouçam e corrijam juntos.

- Se o(s) grupo(s) acertou(aram), deve(m) colar o período no painel, e receberá(ão) a pontuação da rodada.

- Isso deve continuar, lembrando-se de jogar o dado em cada rodada para alterar a pontuação.

- Ao completar o quadro, termina o jogo. Só no final, somarão os pontos.

Adjetivos: O que é, o que é?

Jogo 6

A partir do 5º ano

Objetivo

- Trabalhar com o sentido dos adjetivos.
- Associar o sentido que melhor cabe ao adjetivo destacado.
- Apreender, através das discussões, formas possíveis de empregar os adjetivos, com sentidos propositais.

Material

- Prepare tantos jogos (fichinhas de perguntas e respostas) quantos forem os grupos e coloque-os em um envelope. Então, se forem 4 grupos, haverá 4 envelopes e assim por diante.
- Fichinhas com perguntas. Veja sugestões abaixo (reproduzi-las e recortá-las).
- Fichinhas com propostas de resposta (reproduzi-las e recortá-las). Estas devem ser em número maior que o das perguntas, pois caberá ao grupo discutir e chegar a um consenso. Para cada ficha-pergunta, poderá haver mais de uma ficha-resposta; isso será verificado no momento dos debates (correção). Observando que há fichas com mais de um adjetivo destacado, entende-se que para essa haverá três fichinhas de sentido. Veja exemplo:

A menina **bordadeira** passava apuro quando precisava colocar a linha **fininha** na agulha.

OFÍCIO, OCUPAÇÃO

ESPESSURA

TAMANHO REDUZIDO

Como organizar o material

- Prepare em cartolinas as perguntas – propostas – referentes ao tema e as sugestões de respostas para poderem fazer os pares (sentido dos adjetivos).
- Você deve preparar os envelopes como achar melhor, por exemplo: fazer o jogo, um dia com apenas 4 fichinhas-perguntas e umas 8 de respostas – e nos demais dias vai variando – ou coloca mais, mas saberá que as rodadas durarão mais tempo.

Modelo de Fichas-perguntas

Leia atenciosamente:
• *"Comprei uma tartaruga bem **pequena"**, é o mesmo que:*
• *"Comprei uma **tartaruguinha"** e "Comprei uma tartaruga bem **pequenininha"**?*

Explique o sentido das expressões em destaque:
• Hoje de manhã, o céu estava **azulzinho**!!
• Hoje de manhã, o céu estava **azul, azul** !!

Qual a diferença de sentido entre os períodos abaixo:
• O **velho** encantador de serpentes sempre estava sentado na praça.
• O encantador de serpentes **velho**, sempre estava sentado na praça.

Que *sentimento* expressa a palavra em destaque?
• "As amarelinhas
São tão **bonitinhas**!"
(Vinicius de Moraes (1970). *As borboletas*)

[Disponível em http://www.viniciusdemoraes.com.br/pt-br/poesia/poesias-avulsas/borboletas http://www.viniciusdemoraes.com.br/pt-br/poesia/poesias-avulsas/borboletas – Acesso em jun./2018])

Qual a diferença de sentido entre os períodos abaixo:
• O anel **prateado** foi um presente do namorado.
• O anel **que era de prata** foi um presente do namorado.
• O anel **de prata** foi um presente do namorado.

Qual sentimento o adjetivo em destaque expressa nos períodos abaixo:
• A **lindinha** do papai chegou tarde e ninguém viu!!
• O buquê da noiva era tão **delicadinho**, que encantou todos os padrinhos.

Qual a diferença de sentido entre os períodos abaixo:
• Os **docinhos** servidos na festa estavam sensacionais!!
• A menina ficou um **docinho** com o arranjo na cabeça.

Qual o sentido do adjetivo destacado:
• Só o gato **mansinho** entrou silenciosamente; o outro, parecia um doidão, **barulhento**.

Qual o sentido do adjetivo destacado:
• Meu cachorro Bernardo é bem **atordoadinho**, mas é carinhoso!!

Qual o sentido do adjetivo destacado:
• Para o almoço, a secretária levava uma salada **temperadinha**, bem arranjada e cheirosa!

Qual o sentido dos adjetivos destacados:
• No quintal, o gato **branquinho** passou de mansinho, mas o cachorro **doidão** latia sem parar.

Qual a diferença de sentido entre os períodos abaixo:
• A noiva entrou **belíssima** na igreja e o noivo se emocionou.
• A **belíssima** noiva entrou na igreja e o noivo se emocionou.

Qual o sentido que os adjetivos destacados expressam?
• O homem **barbudo** entrou na frente, **carrancudo**, parecendo ser o chefe.

Qual o significado dos adjetivos destacados?
• O patrão **cearense** sempre estava vigiando o empregado; o **carioca** sempre auxiliando seus funcionários.

Modelo de Fichas-respostas

TAMANHO	CALMARIA, PAZ	TEMPO NA FUNÇÃO PROFISSIONAL
DO QUE É FEITO	IDADE AVANÇADA	CARINHO
DELICADEZA	REFORÇO	CARINHO
CARACTERÍSTICA	REFORÇO À CARACTERÍSTICA	DESPREZA
TAMANHO	INTENSIDADE, EXAGERO	"ALÉM DO NORMAL", EXAGERO
REPRESENTA MAU HUMOR, "CARREGADO DE"	POSSE, TER ALGO EM ABUNDÂNCIA	DIMINUIÇÃO DE ALGO (NÃO PROPRIAMENTE O TAMANHO
DESTAQUE, EXALTAR ALGO	SATISFAÇÃO	ORIGEM
ATENUAR, ABRANDAR ALGO	SER AGRADÁVEL, ELOGIAR	IRONIA

AMENIZAR A IDEIA	CARACTERÍSTICA MARCANTE	DESVALORIZAÇÃO
ENCANTAMENTO	SURPRESA	SEM VALOR

Como jogar

- Organize os grupos e explique como ocorrerá o jogo.

- Entregue os envelopes (1 para cada grupo) e dê as instruções:

- Todos os componentes de cada grupo deverão ler os textos (frases, períodos) e discutirem qual é a melhor resposta e por quê.

- Após um tempinho para discussão, marque o tempo para verificarem as respostas e dar início.

- Combine, por exemplo, que cada rodada valerá 2 pontos – quem acertar, vai acumulando; se errar, deixa de ganhar.

- Deixe claro que você é o "avaliador", para evitar confusões. No entanto, seja bastante flexível nas considerações que fizerem, pois algumas respostas são mais subjetivas. Tudo dependerá dos argumentos que expuserem para justificar a escolha.

- Quando for a vez de o grupo se manifestar, é você quem decide se farão a correção de uma frase por vez, em várias rodadas (cria mais expectativa), ou se cada grupo, em sua vez, liquida com tudo.

- Aproveite o máximo possível esse espaço de discussão a respeito do sentido dos adjetivos em seu emprego textual e assim os alunos aprenderão por meio de seus conhecimentos, e não *decorando regras*.

- Ao final, o grupo que se sair melhor é o vencedor, embora esse não seja um objetivo importante para a brincadeira, mas sim uma forma diversa de aprender.

Jogo 7 — Emprego dos verbos: conjugação

> A partir do 6º ano

Objetivo

- Trabalhar com a conjugação dos verbos, sem se apegar "à decoreba".
- Associar o verbo ao tempo e modo.
- Apreender, através das observações e leitura, formas verbais em algumas pessoas, tempo e modo, para a partir dessas elaborar analogias.

Material

- Cartas com frases sobre os verbos escolhidos. (Seguem sugestões.)

Observação

- Procure fazer todas as cartinhas em papelão firme e do mesmo tamanho, pois será mais fácil de manuseá-las.

Modelo

CANTAR

Verbo **regular**, 1ª conjugação.

PRESENTE DO INDICATIVO

Eu cant**O** no coral da igreja.

Tu cant**AS** bem, guria!!

Sandra sempre cant**A** na festa do Dia das Mães.

PRETÉRITO PERFEITO DO INDICATIVO

Nós cant**AMOS** na recepção do novo diretor.

Todos os meninos canta**RAM** no *karaokê*.

A Soninha cant**OU** o Hino Nacional sozinha?

PRETÉRITO IMPERFEITO DO INDICATIVO

Cant**ÁVAMOS** as cirandas de roda, quando éramos crianças.

Você cant**AVA** com o Betinho??

Júlia e Luciana canta**VAM** no coral.

PRETÉRITO MAIS-QUE-PERFEITO DO INDICATIVO

Naquele dia, o coral da nossa sala cant**ARA** a melhor música do concurso juvenil.

No último evento, nossos amigos cant**ARAM** a melhor trilha do cinema nacional.

Ao chegar nossa vez, cant**ÁRAMOS** como nunca...

PRESENTE DO SUBJUNTIVO

Tomara que a Aninha se apresent**E** bem no festival.

Todos estamos torcendo para que cant**EMOS** bem na apresentação.

Espero que eles cant**EM** minha música preferida.

PRETÉRITO IMPERFEITO DO SUBJUNTIVO

Se as crianças canta**SSEM** direitinho, conseguiriam a classificação.

Meu pai me disse que se eu cant**ASSE** bem, poderia ficar no coral.

Eu lhe disse: "Se você cant**ASSE** aquela música, teria sido aprovado!!

FUTURO DO SUBJUNTIVO

Quando cantar**EM** o Hino Nacional, caprichem!!

Se cant**ARMOS** mal, certamente seremos reprovados.

Quando Jonas cant**AR**, a plateia se exaltará, certamente!!

49

CORRER

Verbo **regular**, 2ª conjugação.

PRESENTE DO INDICATIVO

Tu corr**ES** bem, hein, guria!!

Corr**EMOS** o tempo todo, sem beber água.

O time masculino corr**E** bem!!!

PRETÉRITO PERFEITO DO INDICATIVO

Meu cavalo corr**EU** bem e venceu!

Emerson e Piquet corr**ERAM** muito com equipes fantásticas.

Corr**I**, corr**I**, mas não venci!!

PRETÉRITO IMPERFEITO DO INDICATIVO

Gabi corr**IA** melhor que nós!

Na disputa, Lucas e João corr**ERAM** mais do que a outra vez.

Assim que vimos o ladrão, corr**EMOS** que nem um doido!!

PRETÉRITO MAIS-QUE-PERFEITO DO INDICATIVO

Lá na vila, corr**ERA** um boato sobre o lobisomem.

Os cães corr**ERAM** atrás do gatuno até o pegarem.

No beco escuro, corr**ÊRAMOS** como um guepardo.

PRESENTE DO SUBJUNTIVO

Oxalá, Mariana corr**A** como sempre, hoje!!

Esperamos que eles não corr**AM** riscos na viagem.

Corr**AMOS** para nosso objetivo final: vencer o torneio.

PRETÉRITO IMPERFEITO DO SUBJUNTIVO

Dissemos ao treinador, que ao corr**ERMOS** na competição, venceremos!!

Quando corr**EREM** risco de vida, rezem!

Não esmoreci, e na próxima, quando eu corr**ER**, não farei feio.

FUTURO DO SUBJUNTIVO

Quando os boatos corr**EREM** pela escola, estarei perdida!!

Ana só entrará para fazer a prova, se corr**ER**, pois a hora está se esgotando.

Se corr**ERMOS**, alcançamos o ônibus.

SORRIR

Verbo **regular**, 3ª conjugação.

PRESENTE DO INDICATIVO

Paulinho sorr**I** à toa!!

As crianças sorr**IEM** toda vez que o palhaço cai.

Ao tirar fotos, sempre sorr**IO**!!

PRETÉRITO PERFEITO DO INDICATIVO

Sorr**IMOS** muito quando atingimos nosso objetivo!!

Júlia sorr**IU** para os pais e em seguida se foi...

Nem todos os alunos sorr**IRAM** para a foto.

PRETÉRITO IMPERFEITO DO INDICATIVO

Enquanto o placar estava na frente, sorr**ÍAMOS** sem parar!!

Sorr**IAM** bastante, enquanto os palhaços pulavam e caíam.

Sorr**I** tanto, até chorar!

PRETÉRITO MAIS--QUE-PERFEITO DO INDICATIVO

Vovô era feliz e sorr**IRA** o quanto pôde!!

Sorr**ÍRAMOS** assim que tudo se resolveu.

Após terminar os exames, o menino sorr**IRA** e dissera que estava bem.

PRESENTE DO SUBJUNTIVO

Espero que sorr**IAMOS** bastante neste ano que se inicia.

Torcemos para que você sorr**IA** ao receber o resultado.

A professora torce muito para que os alunos sorr**IAM** em vez de se magoarem.

PRETÉRITO IMPERFEITO DO SUBJUNTIVO

Se você sorr**ISSE** sempre, ficaria mais linda!!

Caso as crianças sorr**ISSEM** em sala de aula, o professor nem se incomodava.

Haveria confusão se sorr**ÍSSEMOS** da apresentação dos colegas.

FUTURO DO SUBJUNTIVO

Quando for desfilar, tomara que eu não sorr**IA** para o público!

Quando entrarmos no palco, esperamos que todos sorr**IAM** para nós.

Espero que tu sorr**IAS** muito, pois basta de sofrimento!

PÔR

Verbo **irregular**, 2ª conjugação.

PRESENTE DO INDICATIVO

PONHO meus cadernos em ordem, semanalmente.

Luciana e Thalia chegam para trabalhar e p**ÕEM** a bolsa na gaveta.

Todos p**OMOS** na cabeça, as ideias que quisermos, por isso devemos pensar sempre coisas positivas.

PRETÉRITO PERFEITO DO INDICATIVO

Luana p**ÔS** aparelho nos dentes esta semana.

Todos os candidatos p**USERAM** em votação qual seria a hora do debate.

P**US** toda a compra no armário mais alto da cozinha, senão o bebê poderia mexer.

PRETÉRITO IMPERFEITO DO INDICATIVO

As meninas sempre p**UNHAM** o estoque da loja em ordem, até esta ser roubada.

Quando nossos avós reclamavam, p**ÚNHAMOS** toda a bagunça em ordem.

Eu p**UNHA** a roupa na máquina e só aguardava o término para pendurar.

PRETÉRITO MAIS-QUE-PERFEITO DO INDICATIVO	PRESENTE DO SUBJUNTIVO	PRETÉRITO IMPERFEITO DO SUBJUNTIVO	FUTURO DO SUBJUNTIVO
A ideia de ter um fantasma no porão, p**USERA** medo em todos nós. Tu p**USERAS** o dinheiro na poupança? Ainda não consegui conferir. Os meninos p**USERAM** o presente da vovó bem na frente dela!!	Esperamos que as professoras p**ONHAM** as notas no *site*, hoje!! Os pais querem que p**ONHAMOS** os pequeninos para apresentar a dancinha, primeiro. Tomara que eu p**onha** as louças no armário, do jeito que a patroa gosta.	Se você p**USESSE** todos para trabalhar, não estaria tão cansada!! O diretor nos disse que, se p**USÉSSEMOS** a sala em ordem, ele retiraria a suspensão. Ganhariam o prêmio, se p**USESSEM** toda tarefa em ordem.	Quando eu p**USER** em prática toda a teoria, tudo ficará mais fácil, na sala de aula. Se p**USEREM** o semáforo para funcionar corretamente, acabam os acidentes na nossa esquina. Entendi que, se p**USERMOS** uma pitadinha de sal no doce, o sabor realçará

Como jogar

- Organize o material que você selecionou (pode ser cópia do que está como sugestão, ou outro preparado por você).

- Organize quartetos e explique como ocorrerá o jogo.

- Entregue os envelopes (1 jogo de cartas para cada grupo) e dê as instruções. Cada verbo possui 8 cartas; portanto este jogo contém 32 ao todo.

- As regras do jogo são as seguintes:

    a) Alguém do grupo embaralha as cartas antes de distribuir. Depois entrega 8 cartas para cada jogador.

b) Inicia o jogo aquele que estiver à esquerda de quem as distribuiu (Será o Jogador 1; ou seja o **J1**.

c) Este "escolhe/rouba", às escuras, uma carta do jogador à sua esquerda, o **J-2**. Assim que a conhecer, verifica, junto às suas, se formou um grupo com 4 cartas de um mesmo verbo. Se sim, deverá dispor o conjunto sobre a mesa, organizadamente (Figura 1).

d) Em seguida, lê suas frases em voz alta, destacando os verbos, e se necessário, trocando ideias sobre o mesmo.

e) O jogo segue assim: o **J3** rouba do próximo; se fizer o quarteto, dispõe na mesa. Se não, segue o jogo.

f) O jogo continuará dessa maneira até que alguém forme o conjunto das oito cartas com o mesmo verbo e será o vencedor.

g) Se ninguém conseguir as oito, o jogo termina, sendo vencedor o que arrecadou mais cartas do mesmo verbo.

FIGURA 1

Emprego dos verbos — Jogo 8

A partir do 6º ano

Objetivo

- Compreender o sentido que o verbo denota, dependendo do emprego
- Entender o que cada tempo verbal significa e empregá-lo adequadamente.

Material

- 1 tabela (**Tabela 1**) para cada grupo. A tabela abaixo foi feita com todos os tempos, mas será mais proveitoso se forem produzidas várias tabelas, diferentes, com menos tempos verbais (por volta de 7 deles).
- Fichinhas com orações – Construa um bom número, pois os alunos terão oportunidade de ler os períodos, discutir e depois concluir qual delas é correspondente ao tempo que aparece à esquerda da tabela.

(Seguem sugestões.)

Tabela 1

O QUE SIGNIFICA?	SENTIDO NO CONTEXTO
PRESENTE DO INDICATIVO Revela uma ação habitual ou um fato que ocorre no momento em que se fala.	**LEVANTO**-me às 6h todo dia para trabalhar.
PRESENTE DO INDICATIVO Revela ou exprime uma verdade científica.	Um metro **TEM** exatamente cem centímetros.
PRESENTE DO INDICATIVO Atualiza fatos já anteriores, concluídos.	
PRESENTE DO INDICATIVO Indica um fato futuro bastante próximo, quando se tem certeza de que ele ocorrerá.	
PRETÉRITO PERFEITO DO INDICATIVO Expressa um fato passado, já concluído no momento anterior ao que se fala.	
PRETÉRITO IMPERFEITO DO INDICATIVO Expressa um fato passado, não concluído no momento em que ocorreu; pode ser que se repetiu por algumas vezes, ou durou certo tempo.	
PRETÉRITO MAIS-QUE-PERFEITO DO INDICATIVO Expressa um fato concluído, anterior a outro fato passado.	

FUTURO DO PRESENTE DO INDICATIVO Indica um fato futuro, posterior ao momento que se fala.	
FUTURO DO PRESENTE DO INDICATIVO Expressa dúvida sobre um fato atual.	
FUTURO DO PRESENTE DO INDICATIVO Expressa um desejo, uma ordem ou um pedido.	
FUTURO DO PRETÉRITO DO INDICATIVO Expressa um fato futuro, sobre outro revelado num passado recente.	
FUTURO DO PRETÉRITO DO INDICATIVO Substitui o presente do indicativo ou imperativo, para indicar cortesia, educação.	
FUTURO DO PRETÉRITO DO INDICATIVO Expressa incerteza de fatos passados ou dúvida sobre sua realização.	
FUTURO DO PRETÉRITO DO INDICATIVO Expressa um fato que depende de uma condição ou que provavelmente não acontecerá.	

Modelo de fichinhas:

<u>Fichinhas para</u>: PRESENTE DO INDICATIVO

Agora **são** 13h15min. Já **vou** embora.

Amanhã, a esta hora, **estamos** bem longe daqui.

Dizem que foi exatamente em 1500 que D. Pedro I **descobre** o Brasil.

As meninas **estão** diariamente juntas, no horário do intervalo.

Em exatamente cem anos, um século se **conclui**; nem mais, nem menos!

Vamos concluir nosso curso no final do ano que vem.

A luz do Sol **reflete** na Lua.

Em 2000, Guga se **torna** o número 1 do mundo! Foi um momento lindo, mágico [...] [Disponível em http://serra2000.blogspot.com/2011/07].

<u>Fichinhas para</u>: PRETÉRITO PERFEITO DO INDICATIVO

Heloísa **caiu** no pátio e **ralou** todo o joelho.

Os animais **atravessaram** a pista lentamente, por isso paramos.

O Brasil já **foi** campeão por várias vezes.

Lavamos e **passamos** toda roupa que **deixaram** no cesto.

Fichinhas para: PRETÉRITO IMPERFEITO DO INDICATIVO

Quando criança, eu **brincava** de boneca e de casinha com minhas primas.

Cada vez que a professora Alice **repetia** a explicação, os alunos **aprendiam** mais.

Para a festa das mães, nós nos **propusemos** a apresentar um número bem animado!

Durante o espetáculo, a plateia **ria** sem parar, e no final **aplaudiu**, em pé, o elenco.

Fichinhas para: PRETÉRITO IMPERFEITO DO INDICATIVO

Quando cheguei para ajudar a enfeitar a mesa, minha avó já **havia feito** (**fizera**) tudo sozinha.

Os ladrões **entraram (haviam entrado)** mais de uma vez na mesma loja do *shopping*.

Regina **deixara (tinha deixado)** um valioso tesouro para suas netas.

Naquele dia, **cantáramos** o Hino Nacional por mais de uma vez, pois tínhamos que cantar bem!!

Fichinhas para: FUTURO DO PRESENTE DO INDICATIVO

Amanhã de manhãzinha **sairei** para aproveitar as férias todas.

O aniversário de Madalena **será** comemorado junto com o de Luciana.

Que horas **serão** agora?

Você acha que **estará** frio no *show*? **Será** que levo blusa?

"**Fará** tudo o que o rei mandar?"

Só amanhã **vão** revelar o vencedor do concurso.

Fichinhas para: FUTURO DO PRETÉRITO DO INDICATIVO

Se você tivesse me convidado, eu **iria** com você ao cinema.

Caso tivesse condições, **teríamos** comprado muito mais livros!!

Amélia e Luana **gostariam** de participar da quermesse também.

Por gentileza, você **poderia** me emprestar seu carro, por meia hora?

Quem **teria** coragem de mexer no jardim do meu avô??

Vocês **saberiam** construir um hexágono, sem consultar?

Se as canções fossem mais interessantes, **cantaríamos** na festa de despedida.

Caso a bancada estivesse firme, o acidente não **teria** ocorrido naquela noite.

Como jogar

- Antes de colocar os alunos para jogar, prepare os envelopes (1 para cada grupo), contendo: 1 **tabela** (com uns 5 **tempos verbais**) e fichinhas com os períodos cujos verbos destacados correspondam à coluna esquerda, pois os alunos colocarão as fichinhas no espaço da coluna à direita.

- Assim que se organizarem, distribua um envelope para cada grupo e explique qual será a tarefa que deverão executar: Ao receber o material, devem ler todo, e quando o professor liberar, iniciar o trabalho.

- O grupo que terminar primeiro, avisa, e o professor pede para todos os outros pararem também.

- Aquele grupo que se manifestou, fará a leitura em voz alta, por exemplo:

PRESENTE DO INDICATIVO	
Revela uma ação habitual ou um fato que ocorre no momento em que se fala.	**LEVANTO**-me às 6h todo dia para trabalhar.

- Se você, professor, disser que está correto, o grupo ganhará seus pontos (5 pontos por acerto); caso errem, deverá fazer a correção, explicando por que não estava correto. Caso alguém de algum grupo queira se manifestar, permita, pois tudo é válido para as discussões, nessa hora.

- Após essa pausa, voltam ao jogo e continuam até outro grupo avisar que já preencheu toda a tabela. E continua assim, sucessivamente, até que todos tenham conseguido.

Jogo 9 — Conjunções (coordenadas e subordinadas)

> 8º e 9º ano

Objetivo

- Observar o emprego adequado das conjunções visando à coerência, na construção de períodos compostos por coordenação e subordinação.
- Contribuir para que o aluno, através das observações e leitura, esteja em contato com modelos, que poderá empregar em seus textos, ou de modo similar.

Material

- Cartas com períodos compostos, lacunados à esquerda, e conjunções/ locuções conjuntivas à direita. (Seguem sugestões.)

Observação

- Procure fazer todas as cartinhas em papelão firme e do mesmo tamanho, pois será mais fácil de manuseá-las.

Modelo

Alcides comprou um carro novo... **já bateu no poste.**	**MAS** (Conjunção Coordenada Adversativa)
Os meninos tentaram fazer gol, **... não conseguiram.**	**EMBORA** (Conjunção Subordinada Adverbial Concessiva)
... tivesse todas as qualificações técnicas, Roger não se adaptava em lugar algum.	**OU...OU** (Conjunção Coordenada Alternativa)
...o carro saía da frente, ... atropelava os dois cachorros.	**ENQUANTO** (Conjunção Subordinada Adverbial Temporal)
... a mãe trabalhava na empresa, o pai cuidava da loja.	**POIS** (Conjunção Coordenada Explicativa)
Marina só tirava notas boas, ... **estudava muito.**	**PARA** (Conjunção Subordinada Final)
Vovó fazia tapetes de crochê... **melhorar seu salário.**	**COMO TAMBÉM** (Conjunção Coordenada Aditiva)
As faxineiras não só limpam... **dão brilho**.	**MAL, ASSIM QUE** (Conjunção Subordinada Temporal)

... **entrou em casa,** a chuva desabou.	**A NÃO SER QUE** (Conjunção Subordinada Condicional)
A festa poderá ser suspensa, ... **a banda chegue a tempo.**	**PORTANTO** (Conjunção Coordenada Conclusiva)
Já escrevi todo o trabalho, ... **cheguei ao final.**	**ENTRETANTO** (Conjunção Coordenada Adversativa)
O governo não paga bem seus funcionários, ... **eles preferem continuar empregados.**	**QUE** (Conjunção Subordinada Consecutiva)
Estava correndo tanto, ... **não conseguiu frear a tempo.**	**À MEDIDA QUE** (Conjunção Subordinada Proporcional)
...**que a inflação aumenta,** os alimentos encarecem cada vez mais.	**PORQUE** (Conjunção Coordenada Explicativa)
O garoto come exageradamente, ... **a fome era grande!!**	**SE** (Conjunção Subordinada Condicional)
Sua falta será abonada, ... **apresentar o atestado médico.**	**COMO** (Conjunção Subordinada Causal)

... não dispunha de recursos, Paula não pôde participar da seletiva para ginástica.	**A MENOS QUE** (Conjunção Subordinada Condicional)
Filha, você não vai ao cinema, **... a chuva passe logo.**	**COMO** (Conjunção Subordinada Conformativa)
Preparei toda a apresentação, **... o professor orientou.**	**PORÉM** (Conjunção Coordenada Adversativa)
Prometeram uma série de vantagens para o cartão, **... nada se cumpriu!!**	**DESDE QUE** (Conjunção Subordinada Condicional)
João poderá ir à festa, **... volte até meia-noite.**	**NEM** (Conjunção Coordenada Aditiva)
Não comprarei este livro caro... **aquele, menos caro.**	**COMO** (Conjunção Subordinada Comparativa)
Helena tem corrido... **nunca correu!!**	**A FIM DE QUE** (Conjunção Subordinada Final)
Meu marido tem trabalhado bastante, **... possamos viajar no final do ano.**	**QUANTO MAIS** (Conjunção Subordinada Proporcional)
... leio, mais percebo os problemas sociais do país.	**E** (Conjunção Coordenada Aditiva)

Como jogar

- Preparar o jogo, recortando nas linhas pontilhadas, para que fiquem em retângulos, semelhantes às peças de dominó.

Meu marido tem trabalhado bastante, ... **possamos viajar no final do ano.**	**QUANTO MAIS** (Conjunção Subordinada Proporcional)

... leio, mais percebo os problemas sociais do país.	**E** (Conjunção Coordenada Aditiva)

- Em grupos, jogar como se joga o dominó, encaixando as peças em sequência.

Jogo 10

Advérbios

> A partir do 6º ano

Objetivo

- Reforçar o sentido e o valor dos advérbios.
- Discutir sobre a classificação dada aos advérbios – se corresponde ou não aos períodos apresentados em pares.

Material

- Cartas com períodos que contenham advérbio(s) para completar com advérbio.
- Cartas com Advérbios. (Seguem sugestões.)

Modelo

PASSAMOS MUITO MEDO, POIS O BARCO FLUTUAVA **SEM RUMO.**	**ADVÉRBIO DE MODO**
PASSAMOS **MUITO** MEDO, POIS O BARCO FLUTUAVA SEM RUMO.	**ADVÉRBIO DE INTENSIDADE**

VAMOS A SÃO PAULO **COM FREQUÊNCIA,** PARA FAZER COMPRAS.	**ADVÉRBIO DE TEMPO**
AS ADOLESCENTES **TAMBÉM** AMADURECEM APÓS OS 15 ANOS.	**ADVÉRBIO DE INCLUSÃO**
SE COMPARARMOS CARRO, **NUNCA** MAIS ANDAREI DE MOTO.	**ADVÉRBIO DE NEGAÇÃO**
DAQUI A ALGUNS DIAS, ESTAREMOS EM FÉRIAS**.**	**ADVÉRBIO DE TEMPO**
TALVEZ TENHAMOS QUE LIMPAR A CASA NOVA, AINDA HOJE.	**ADVÉRBIO DE DÚVIDA**
VOCÊ SÓ TRABALHARÁ **AQUI,** SE PASSAR NA ENTREVISTA.	**ADVÉRBIO DE LUGAR**
TRABALHO PARA VIVER; **NÃO** VIVO PARA TRABALHAR.	**ADVÉRBIO DE NEGAÇÃO**
SIM; VOCÊS PODEM VIAJAR, QUE EU CUIDO DAS CRIANÇAS!!	**ADVÉRBIO DE AFIRMAÇÃO**

SEM CLIENTES, VENDEU **APENAS** O SUFICIENTE PARA O JANTAR.	**ADVÉRBIO DE EXCLUSÃO**
VÁ **ATÉ** O QUARTO E TRAGA-ME UM PACOTE QUE ESTÁ SOBRE A CAMA.	**ADVÉRBIO DE EXCLUSÃO**
JAMAIS SE DEIXE LEVAR PELO INTERESSE DE OUTROS.	**ADVÉRBIO DE NEGAÇÃO**
LUÍSA E PAULA **CERTAMENTE** TRARÃO O TRABALHO PRONTO PARA A AULA.	**ADVÉRBIO DE AFIRMAÇÃO**
A PROFESSORA FICAVA OBSERVANDO OS ALUNOS **AO LONGE.**	**ADVÉRBIO DE LUGAR**

Como jogar

- Elabore um jogo para cada grupo. Selecione, por exemplo, 10 pares para cada um. Se possível, prepare várias peças, para não ficar muito repetitivo.

- Em grupos, distribua um jogo para cada um deles e solicite que embaralhem as peças e depois as organizem, viradas para baixo, sobre a carteira.

- Neste jogo, a regra é que os alunos façam pares corretamente e comentem por que o fizeram de tal forma. Instrua isso e dê-lhes um tempo.

- Após isso, oriente-os para que ninguém mude nenhuma peça de lugar.

- Inicie as correções, grupo a grupo, em voz alta, e faça a classe toda participar dos prováveis debates que surgirem.

Observação

- Se quiser ter um vencedor, estipule com eles como será a regra para se chegar a isso.
- Para dificultar um pouquinho mais, elabore um número maior de fichinhas dos advérbios, assim provavelmente terão que pensar mais para selecionar os pares.

Concordância nominal

Jogo 11

7º ao 9º ano

Objetivo

- Compreender a concordância nominal.
- Treinar o emprego da linguagem culta, na construção dos períodos.
- Ler/ouvir por mais de uma vez algumas regras e associá-las com a organização das palavras com correta concordância, a fim de fixá-las cada vez mais.

Material

- Fichas explicativas sobre as regras de Concordância, elaboradas em transparência ou em *power point*. (Seguem sugestões.)
- 1 dado.

Observação

- Já preparei um bom número de questões, pois quanto mais ouvirem e/ou lerem as regras, melhor compreenderão e fixarão. Basta usar as mesmas regras que seguem abaixo e só trocar os períodos.
- Como algumas fichas têm *subseções*, cada vez que as solicitarem, você pega uma diferente. Caso prefira, pode enumerar todas numa sequência única.

1 Quando um adjetivo caracteriza apenas um substantivo, concorda em gênero e número com esse substantivo.
Um **enorme** <u>cachorro</u> passou por aqui, latindo desesperadamente.
( ) **Correto**   ( ) **Incorreto**

2 Quando um adjetivo vem antes dos substantivos, precisa concordar com o substantivo mais próximo.
Alda comprou uma **linda** <u>bolsa</u> e <u>sapato</u> combinando.
( ) **Correto**   ( ) **Incorreto**

3 Quando houver *mais do que um adjetivo* para *um substantivo*, os adjetivos devem concordar com o substantivo, em gênero e número.
Luana vendeu as <u>botas</u> **nova** e **enrugada**.
( ) **Correto**   ( ) **Incorreto**

4 Quando houver *mais de um substantivo com gêneros diferentes*, o adjetivo pode concordar com o que está mais próximo, ou prevalecer no masculino. <u>Depende do sentido</u> que se dará à frase; à ideia do texto.
Na pasta havia <u>envelope</u> e <u>ficha</u> **preparadas** para preencher.
( ) **Correto**   ( ) **Incorreto**

4.1 Quando houver *mais de um substantivo com gêneros diferentes*, o adjetivo pode concordar com o que está mais próximo, ou prevalecer no masculino. <u>Depende do sentido</u> que se dará à frase; à ideia do texto.
Na pasta havia <u>envelope</u> e <u>ficha</u> **preparados** para preencher.
( ) **Correto**   ( ) **Incorreto**

4.2 Quando houver apenas um adjetivo *antes de vários substantivos*, exercendo a função de <u>adjunto adnominal</u>, o adjetivo deverá concordar com o que está mais próximo.
Meu avô guardava **velhas** *ferramentas* e parafusos na mesma caixa.
( ) **Correto**   ( ) **Incorreto**

5 Quando houver *mais do que um adjetivo* para *um substantivo*, os adjetivos podem concordar com o substantivo em gênero e número. Se tiver um *artigo* antecedendo o substantivo, depende se esse se refere a ambos os adjetivos, ou a cada um deles.
Meus pais adoram **a** comida *chinesa* e **a** *japonesa*.
( ) **Correto**   ( ) **Incorreto**

5.1 Quando houver *mais do que um adjetivo* para *um substantivo*, os adjetivos podem concordar com o substantivo em gênero e número. Se tiver um *artigo* antecedendo o substantivo, depende se esse se refere a ambos os adjetivos, ou a cada um deles.
Meus pais adoram comida**s** *chinesa* e *japonesa*.
( ) **Correto**　　　( ) **Incorreto**

6 Quando houver número ordinal antes do substantivo, este poderá ficar no singular ou no plural.
A quinta e sexta **páginas** do livro estão rasgadas.
( ) **Correto**　　　( ) **Incorreto**

6.1 Quando houver número ordinal depois do substantivo, este deverá ficar no plural.
As **páginas** *quintas* **e** *sextas* estão rasgadas.
( ) **Correto**　　　( ) **Incorreto**

7 Quando as expressões "Nem um nem outro" anteceder o substantivo, este se manterá no singular.
Nem um nem outro *voo* se atrasará devido ao mal tempo.
( ) **Correto**　　　( ) **Incorreto**

8 Quando as expressões "Nem um nem outro" anteceder o substantivo e este estiver acompanhado de um adjetivo, este irá para o plural.
Nem uma nem outra *festa* **sertaneja** estarão suspensas este ano.
( ) **Correto**　　　( ) **Incorreto**

9 Quando o verbo "ser" estiver acompanhado de adjetivo, este ficará no masculino singular.
É necessário manter a casa sempre em ordem!!
( ) **Correto**　　　( ) **Incorreto**

10 Quando houver concordância dos adjetivos "proibido", "bom" e "necessário" com o verbo "ser", se o substantivo estiver acompanhado de um modificador, este fará a concordância com o adjetivo.
A entrada sem permissão, nesta sala, é **proibido**.
( ) **Correto**　　　( ) **Incorreto**

10.1 Quando houver concordância dos adjetivos "proibido", "bom" e "necessário" com o verbo "ser", se o substantivo (a que se refere) **não** estiver acompanhado de um modificador, essas expressões continuarão invariáveis.
Educação sempre será **necessário** entre todos os cidadãos.
( ) Correto ( ) Incorreto

11 A palavra "obrigado" concorda com a palavra a que se refere.
Janaína, assim que recebeu o presente, disse à madrinha: "muito **obrigado**".
( ) Correto ( ) Incorreto

11.1 A palavra "meio", quando for um numeral, concorda com o substantivo.
João comeu **meia** maçã e duas bananas e voltou ao trabalho.
( ) Correto ( ) Incorreto

11. 2 Quando a palavra "meio" for advérbio, continuará invariável.
Homens e mulheres, após a longa palestra, ficaram **meio** cansados.
( ) Correto ( ) Incorreto

11.3 A palavra "bastante", quando for um pronome ou adjetivo, concorda com o substantivo.
Júnior mencionara **bastantes** vezes que seu cachorro fora vacinado.
( ) Correto ( ) Incorreto

11.4 A palavra "bastante", quando for um advérbio, mantém-se **invariável**.
Meus pais ficaram **bastantes** preocupados com meu irmão, pois foi ao cinema, na última sessão, e voltaria sozinho.
( ) Correto ( ) Incorreto

Como jogar

- Forme grupos (até 4 pessoas) e explique como jogarão.

- Inicie o jogo com o 1º grupo à sua esquerda. Peça para dizerem um número de 1 a 11, pois será a pergunta que você fará a eles.

- Em seguida, peça para jogarem o dado e verem qual a pontuação a que estão concorrendo.

- Após esse início de organização, coloque a pergunta em exposição à classe (retroprojetor ou computador) e dê um tempo para o grupo ler em voz alta e discutir. Os demais grupos podem discutir também, pois se o grupo que está concorrendo errar a resposta o seguinte poderá responder.

- Sempre que isso acontecer, cada vez é um grupo diferente que participará com a pergunta daquele que errou, para não ser injusto. Se no final da partida algum grupo não teve oportunidade "extra", passe-lhe uma nova pergunta com a mesma pontuação que sorteou na última pergunta respondida.

Jogo 12

Concordância verbal

8º e 9º ano

Objetivo

- Reforçar as regras de concordância verbal.
- Treinar o emprego da linguagem culta, na construção dos períodos.
- Ouvir a leitura de períodos cujo destaque seja a Concordância Verbal e associá-los às regras da norma culta da língua.

Material

- Tabuleiros, com algumas regras de Concordância Verbal. (Ver sugestão abaixo.)
- Fichas com textos referentes a todas as regras que houver no tabuleiro. (Seguem sugestões.)
  - Você pode elaborar diversos tipos de tabuleiro, e diversos períodos diferentes para ter mais opções e fazer mais de uma rodada no jogo.
  - Caso prefira, também pode fazer tabuleiros iguais para todos os grupos e, assim, estudarem juntos.
- 8 fichas com pontuação para cada grupo. (Ver modelo.)

Modelo Tabuleiro-Regras 1

Núcleo do Sujeito no singular, **verbo** no singular.	**Verbo** + **"se"** (pron. apassivador) **Verbo** concorda com o **Sujeito**.	Expressão **partitiva** acompanhada de nome no plural: **Verbo** no **singular** ou no **plural.**	**Pronome relativo "que"** como **sujeito**: **Verbo** concorda com o antecedente.
Pronome relativo "quem" como **sujeito**: **Verbo** preferencialmente em 3ª pessoa do singular.	**Núcleos do sujeito composto** ligados por "e": **Verbo** depois do sujeito, no **plural.**	**Núcleo do Sujeito** no plural, **verbo** no plural.	**Verbo** + **"se"** (Índice de indeterminação do sujeito) **Verbo** só na **3ª p. do singular.**

Fichas

Modelo de Fichas para o Tabuleiro 1

A **chuva passou** rapidinho!!

No salão, **realizavam-se muitos bailes.**

Uma parte das crianças ficou/ficaram tristes sem o passeio no horto.

Não foram **eles que** se **atrasaram;** foi o ônibus que se adiantou.

Acredite!! Fui eu **quem quebrou** o vaso.

Helena **e** Geni **apresentaram** bem seu trabalho.

Nem todas as **frutas estragaram;** as laranjas, não.

Acreditava-se em sacis, no tempo de meus avós.

Seguem outras regras, bem como exemplos correspondentes, para você colocar em outros tabuleiros e fichas. Crie outros períodos e depois é só organizá-los.

REGRAS	PERÍODOS
Verbo antes do sujeito composto ligado por "e": **Verbo no plural** ou concordando com o 1º núcleo.	**Trouxeram** o material, **Lucas** e **Marina**. **Trouxe** o material, **Lucas** e Marina.
Núcleos ligados por **"ou"/ "nem"**: Se exprimir **exclusão, verbo no singular.**	Gostaria que Luigi **ou** Tales **fosse** o novo diretor da escola.
Núcleos ligados por **"ou"/ "nem"**: Se não exprimir **exclusão, verbo no plural.**	Torcemos para que nem Maria Júlia **nem** Vera Clau **sejam** eleitas nossa prefeita.
Verbo "Ser" em expressões indicativas de **horas e distância: concorda com o numeral.**	Ainda **é** meio-dia? Achei que **fossem** umas duas horas!!
Verbo "Ser" em expressões indicativas de **data: concorda com "dia" / "dias".**	Ontem **foi dia** vinte e dois de março. Amanhã já **serão dezoito** (*dias*) de agosto!!
Verbo impessoal (sem sujeito) → sempre na **3ª pessoa do singular.** (*haver = 'acontecer'* ou 'existir')	**Há** curiosos querendo saber o que **houve** na saída do jantar.
Verbo impessoal (sem sujeito) → sempre na **3ª pessoa do singular.** (*fazer = 'tempo decorrido'*)	**Faz** três meses que não nos vemos, Rafa! **Fez** seis anos que ingressei neste cargo de procurador geral.
Formas do Infinitivo: Se o sujeito do infinitivo for o mesmo da oração vizinha, **não flexiona.**	**Os patrões** também ajudam os funcionários a **formar** bons técnicos.
Formas do Infinitivo: Se o sujeito do infinitivo for diferente do da oração vizinha, usa-se a forma **flexionada.**	As crianças pensam **serem** os avós os que se fantasiam de papais noéis.

Modelo de Fichas para pontuação

ACERTARAM? VOCÊS GANHARAM 3 PONTOS.

ACERTARAM? VOCÊS GANHARAM 1 PONTO.

ACERTARAM? VOCÊS GANHARAM O MESMO NÚMERO DE PONTOS QUE O GRUPO A SUA ESQUERDA.

ACERTARAM? VOCÊS NÃO GANHARAM, DEEM 2 PONTOS PARA O ÚLTIMO GRUPO.

ACERTARAM? VOCÊS GANHARAM 1 PONTO DE CADA GRUPO (Eles perdem).

ACERTARAM? VOCÊS GANHARAM 1 PONTO, MAIS 2 DO GRUPO QUE ESTÁ A SUA DIREITA. (Eles perdem)

ACERTARAM? QUE BOM! MAS DESTA VEZ VOCÊS SÓ GANHARÃO 1 PONTO, SE FIZEREM UMA DANCINHA.

ACERTARAM? VOCÊS GANHARAM 2 PONTOS.

Como jogar

Após preparar todo o material e formar os grupos, oriente-os para jogar da seguinte maneira:

- Todos os grupos receberão as 8 fichas-pontos num envelope, pois não podem vê-las.

- Além disso, cada grupo recebe um tabuleiro. Leem, estudam, discutem, tiram dúvidas etc., para em seguida você dar início.

- Coloque as fichas de perguntas sobre sua mesa, viradas para baixo. Sorteie uma delas e anuncie em voz alta para que os grupos procurem em seu tabuleiro se há uma regra em que caberá o período que você leu.

- Os grupos podem ter ou não tal período, depende de como você organizou o jogo: se todos os cartões forem iguais ou se são diferentes.

Enfim, os grupos que "acham que têm", devem se manifestar e tirar uma fichinha-ponto (do envelope), ainda sem olhá-la e deixar sobre a mesa.

- Inicie a correção, repetindo a regra sorteada, e vá ouvindo um grupo por vez. Aquele(s) que acertou(aram) vai(vão) virar a fichinha-ponto e ler em voz alta para você marcar na lousa.

- Continue dessa forma, até que alguém preencha o tabuleiro.

- No final, somem os pontos para ver quem foi o vencedor.

Jogo 13

Uso da crase

8º e 9º ano

Objetivo

- Reforçar as regras do uso da crase.
- Treinar o emprego da linguagem culta, na produção escrita.
- Fixar algumas regras para o emprego do acento grave.

Material

- Tabela 1 – Uma para cada grupo. (Ver sugestão abaixo.)
- Tabela 2 – Com regras enumeradas, para o uso do acento grave (uma para cada grupo, também).
- Fichinhas com frases/períodos preparados com o emprego (in)correto da crase, em transparência ou em *powerpoint*.

Tabela 1 (Modelo)

Ptos.	C	E	Regra
3			
4			
5			
3			
2			
3			

Tabela 2 – Regras (Você pode seguir esta tabela ou alterá-la como quiser)

N.	Regras
1	Ocorre crase nas locuções femininas: adverbiais, prepositivas e conjuntivas.
2	A crase é proibida antes de: verbos e pronomes (incluindo Tratamento).
3	A crase é proibida antes de: palavras femininas no *plural*, precedidas de **a** no *singular*.
4	A crase é proibida antes de: nomes de cidades sem especificativo.
5	A crase é opcional diante de pronomes possessivos.
6	Usa-se crase frente aos nomes femininos, se o termo regente exigir preposição "a".
7	Usa-se crase frente aos pronomes: aquele/aquela/aquilo, quando houver exigência do termo regente.
8	Usa-se crase frente ao pronome demonstrativo **a/as [+ que/de]**.
9	Usa-se crase frente ao pronome relativo **[a] qual/[as] quais**.
10	A crase é opcional diante da palavra **até**.
11	A crase é proibida antes de palavras repetidas.
12	Não se usa crase diante de nomes masculinos.
13	É necessário usar crase diante de números de horas, expressos ou subentendidos.

Fichinhas com frases/períodos (Alguns exemplos)

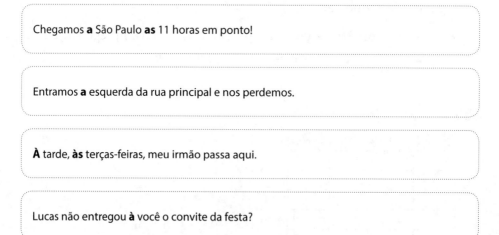

Chegamos **a** São Paulo **as** 11 horas em ponto!

Entramos **a** esquerda da rua principal e nos perdemos.

À tarde, **às** terças-feiras, meu irmão passa aqui.

Lucas não entregou **à** você o convite da festa?

Ontem fomos **àquele** museu que você nos indicou.

Vá até **a** dispensa e traga-me a pipoca.

Os anões foram até **à** casa da Branca de Neve para sondá-la.

Andaram fazendo críticas **à** Maria Antônia, sem razão.

Mário colocou-se **à** pensar que estava errado fazendo **àquele** plano.

Logo no final do debate, o moderador entregou-se **à** questões pouco pertinentes.

Os professores chegaram **a** conclusões absurdas sobre a prova.

As meninas não contaram o ocorrido **a** ninguém!!

O grupo dos meninos, muito irritado, ficou cara **a** cara com o líder do grupo desafiante.

Ao chegar **à** sala, Isabela entregou o presente **à** Lucas, timidamente.

Às vezes, passamos horas pensando na possibilidade de fazer algo novo, e nos colocamos **à** divagar...

Jamais irei **àquele** lugar misterioso; tenho medo!!

Os livros **à** que me referi são de Castro Alves.

Chegamos **à** bela Brasília, ao anoitecer.

O professor entregou os trabalhos **à** Pedro, pois era o único do grupo que estava na sala.

Gabriel confessou **à** garota que a amava.

Orlando se referiu **à** cenas dramáticas do filme.

Não consigo perceber **a** quem você puxou!!

Vanda entregou o dinheiro **à** você, quando estávamos na cantina, Mariana!

Se eu fosse você, não contava nada **às** suas amigas.

Vivo **as** minhas custas!! Deixe-me!!!

Dia **à** dia Helena sai para trabalhar **as** cinco da manhã.

Entro **às** quatro e saio **às** vinte e duas horas.

Como jogar

- Para organizar o jogo, recorte as tiras (transparência) com os períodos e os disponha num saquinho ou caixa, pois serão sorteados.

- Organize os grupos, entregue-lhes uma tabela 1 e uma tabela 2 (Esta pode ser desenhada no caderno) e explique como será o jogo.

- Em cada rodada serão apresentados seis períodos.

- Assim que você apresentar o 1º período, o grupo lê e discute se "Está correto" ou "Está incorreto" e coloca à frente qual regra justifica. Por exemplo:

Período exibido para análise:

Se eu fosse você, não contava nada **às** suas amigas.

Após análise, o grupo assinala:

Ptos.	C	E	Regra
3	X		5

Os alunos julgaram o emprego da crase no período, como **Correto**, de acordo com a **Regra 5**, "ganhando 3 pontos".

- Em seguida, repita o mesmo (exponha o período, deixe-os discutir, marcar na tabelinha) até terminarem os 6 períodos (Caso queira fazer mais no mesmo dia, é só combinar com os alunos).

- Depois façam as correções, preferencialmente, pedindo para cada grupo ler a regra que justifica o que marcaram, e finalmente somem os pontos que cada grupo alcançou, e nomear o grupo vencedor.

- Na próxima oportunidade, faça uso de períodos novos, para não ficarem repetitivos.

Jogo 14 — Regência nominal
Uso de preposições

> 8º e 9º ano

Objetivo

- Reforçar a atenção quanto à interdependência sintático-semântica entre nomes (Termo regente e Termo regido).
- Conhecer o mecanismo da regência nominal e utilizá-lo adequadamente em enunciados linguísticos.
- Perceber a importância da preposição adequada em cada caso.

Material

- Períodos enumerados e lacunados para serem completados com as preposições. Podem ser escritos em sulfite ou em cartolina. Faça vários deles para ter opções na hora do jogo.

Sugestões

1 A encomenda da blusa de crochê era impossível... se fazer para dia três.

2 A equipe vencedora é natural... uma cidade no interior... Rondônia.

3 A partida foi escassa... boas jogadas. Terrível isso!!

4 A união... os dois já era esperada... todos da sala.

5 As crianças se mostraram agradáveis... todos.

6 Daniela sempre foi inconstante... suas ações; por isso, esqueça-a!!

7 É necessário viver certo... que tudo passa a ser normal após as dificuldades.

8 É preciso demonstrar muito respeito... mais velhos.

9 Há pessoas difíceis... se entender. Por que será?

10 Hoje é difícil ver livros impróprios... leitores entre 10 e 18 anos.

11 Infelizmente, nenhum brasileiro fica isento... impostos.

12 Lucas fez a tarefa em obediência... pais.

13 Meu pai é perito... crimes ambientais.

14 Meus pais sempre estiveram contrários... quase tudo que eu faço.

15 Minha família sempre batalhou firme... tudo o que fez!!

16 Ninguém está certo... vencer, se não for em busca da vitória!

17 O atendente foi bastante generoso... meus pais.

18 O delegado foi misericordioso... o grupo de malandros.

19 O diretor tem sido negligente... muitas ações na escola.

20 O eletricista Marcos é muito entendido... ligações elétricas.

21 O filme de ontem foi diferente... todos os que assisti, por isso gostei!!

22 O grupo de trabalho fora constituído... cinco membros.

23 O prédio da Receita Federal fica... a Lojas Cem e à igreja.

24 O sistema implantado pelo governo será benéfico... todos.

25 O troféu não é o essencial... Luís Carlos; ele quer é participar!!

26 Os animais estão habituados... pastar à tarde, no sítio.

27 Os maldosos certamente são vazios... amor.

28 Os professores estão em constante atenção... necessidades dos alunos.

29 Professor Magno era erudito... toda sua forma de expressão!

30 Que bom, que a Soraia é hábil... artes e criação de novidades!

31 Resido... Limeira, mas trabalho... Campinas.

32 Ricardo está indeciso... cursar Engenharia Civil ou Arquitetura.

33 Samuel anda lento... tudo o que lhe peço para fazer.

34 Se tomaram vacina, todos estão imunes... gripe.

35 Sempre fomos dedicados... crianças mais carentes.

36 Seu histórico escolar está incompatível... resultados de suas provas.

37 Somos eternamente gratos... nossos vizinhos!!

38 Todos ficamos felizes... você ter resolvido tudo, sem se perder.

39 Todos somos dignos... receber o prêmio; basta nos esforçarmos.

40 Tudo o que comemos no almoço é equivalente... 120 calorias.

- Tabelinha para completarem – 1 para cada grupo. Pode ser preparada com antecedência ou ser feita no próprio caderno, no dia do jogo. Coloque o número de linhas, conforme o número de rodadas que quiser fazer.

A-À-AS-ÀS-AO-AOS	DE	EM	DIVERSOS

Como jogar

- Entregue uma tabelinha para cada grupo e explique como o jogo acontecerá: Eles deverão ler os períodos que receberão e em seguida marcar um **X** na coluna em que há uma preposição que completa a lacuna.

- Misture bem os períodos recortados (quantos preferir) e às escuras entregue 4 papéis para cada grupo.

- Marque um tempo para lerem, discutirem e completarem a tabela com os números correspondentes aos períodos.

- Faça a correção, grupo a grupo; não tenha pressa. Peça para lerem o período, pois é neste momento que você observará *se completaram adequadamente*. Aproveite o momento para perguntar se haveria mais de uma possibilidade; se alteraria o sentido etc.

- Para cada acerto, conte 5 pontos.

- Estipule como regra que, enquanto houver um grupo lendo para correção, os demais devem estar atentos. Se algum grupo atrapalhar esse momento, perderá X pontos.

- Faça quantas rodadas achar conveniente, e, ao final, o vencedor será o grupo que atingir maior número de pontos.

Jogo 15

Regência verbal

8º e 9º ano

Objetivo

- Analisar a relação entre regência e sentido de alguns verbos mais usuais na língua coloquial.

Material

- Fichas-perguntas contendo períodos com alguns verbos comuns ao dia a dia, no uso da língua, em forma de questão.
- Fichas-prêmio ou castigo.
- Tabuleiro desenhado no chão.
- 1 dado (números de 1 a 3).

Sugestões

Fichinhas com perguntas (Alguns exemplos)

1 No período: "Margareth **visa** o cargo de chefia há anos!!", o verbo "visar" encontra-se na linguagem informal, sendo empregado como V.T.D., pois, nesse contexto, "quem visa, visa alguma coisa".
( ) **Correto**   ( ) **Incorreto**

2 O verbo "pagar" deve ser sempre empregado como V.T.D. Ex.: Luan **pagou** a conta com o cartão do pai dele.

( ) **Correto**   ( ) **Incorreto**

3 O verbo **ir** é muito usado coloquialmente, por ex.: Vocês **foram** na entrega do prêmio ontem?" Qual será a forma culta a ser empregada nesse período?

4 Entre "**Assistimos** todo o processo cirúrgico, no estágio." e "**Assistimos** ao *show*, por duas vezes", o que altera em relação ao sentido?

5 No período "Alguém **esqueceu** do dinheiro para a campanha?", podemos afirmar que o verbo "esquecer" está sendo usado coloquialmente? Por quê?

6 No período: "Muitos alunos não **obedecem** ao regulamento da escola, por desconhecerem-no", o verbo destacado foi empregado na variedade padrão? Comente.

7 Qual a diferença entre os períodos: "Amanhã **iremos** no circo." E "Amanhã **iremos** ao circo".

8 Em: "Sua nota não **agradará** seus pais, nem um pouco!!", o verbo tem a mesma regência que em: "Sua nota não **agradará** a seus pais, nem um pouco!!"? Por quê?

9 Posso dizer "**Prefiro** mais a leitura do que o filme"**?** Comente a regência do verbo destacado.

10 Todos os professores devem **visar** a lição de casa dos alunos. Qual é o sentido de "visar" nesse período?

11 O verbo "visar" pode ser empregado em 3 sentidos ("mirar", "pôr visto" e "ter como meta" segundo FERREIRA (2014, p. 669). Na variedade padrão, há duas regências (V.T.D. e V.T.I.). Construa um exemplo de cada um.

12 O verbo "aspirar" pode mudar o sentido, se for empregado com regências diferentes. Isso é correto? Por quê?

13 "Assistir" admite três sentidos diferentes: Associe corretamente os sentidos com os períodos:
(A) Caber, pertencer   (B) ajudar, dar assistência   (C) presenciar, ver
(   ) Amélia **assistiu** os médicos em todo o procedimento.
(   ) Julgá-lo culpado, **assiste** apenas ao juiz.
(   ) Meus pais **assistem** às novelas, assiduamente.

14 Tendo como regra que o verbo "Informar" é transitivo direto e indireto, elabore um período com esse verbo, na linguagem padrão.

15 O verbo "querer" tem dois sentidos e duas formas de regência. Escolha o(s) período(s) em que esse aparece como V.T.D. + O.D.:
(A) Quero vocês todos em minha festa de aniversário.
(B) Queremos que as crianças sejam todas aprovadas.
(C) Jonas quer a todos como se fossem seus próprios filhos!!!

16 O verbo "proceder" tem mais de um sentido, como por exemplo: "realizar, fazer", "vir" e "agir, portar-se", e nesse caso admite duas regências: V.I. e V.T.I. Qual das alternativas que apresenta a regência adequada para o contexto:
(A) Esse fato que contas não "procede" de fonte segura!!
(B) O rapaz "procedeu" o boleto, na mesma hora!
(C) As crianças "procederam" os trabalhos, organizadamente.

17 O verbo "proceder" no sentido de "realizar, fazer" está empregado corretamente em:
(A) O professor "procedeu" o recolhimento das provas, logo, logo.
(B) O professor "procedeu" no recolhimento das provas, logo, logo.
(C) O professor "procedeu" ao recolhimento das provas, logo, logo.

18 Em "Conversamos com a aluna que **perdoamos**", o verbo "perdoar" encontra-se em que variedade linguística? Por quê?

19 Selecione o período cuja regência encontra-se adequada para a linguagem padrão:
(A) Alessandra chegou no *show*, atrasada.
(B) Alessandra chegou atrasada no *show*.
(C) Alessandra chegou ao *show*, atrasada.
(D) Alessandra chegou em o *show*, atrasada.

20 Qual a diferença entre: "Sempre **lembraremos** suas dicas"; "Sempre **lembraremos** de suas dicas" e "Sempre nos **lembraremos** suas dicas"?

Ficha 2 – Fichinhas com castigos (Alguns exemplos)

DESCANSE UMA JOGADA.

AVANCE UMA CASA.

PASSE A VEZ PARA O ÚLTIMO JOGADOR.

VOLTE DUAS CASAS.

PARA AVANÇAR, VOCÊ PRECISA RESPONDER CORRETAMENTE DUAS PERGUNTAS.

NÃO TENHA PRESSA. DESCANSE UMA RODADA.

Tabuleiro para desenhar no chão (sugestão):

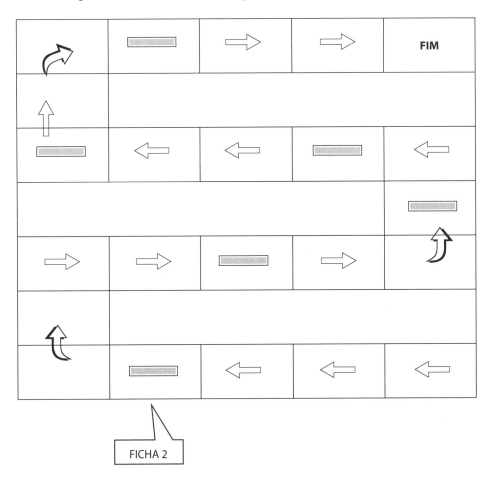

Como jogar

- Oriente os grupos a forma de jogar.
- Desenhe (como achar melhor) o tabuleiro no chão. Coloque as Fichas-castigo onde achar mais interessante.
- Como esse tabuleiro ficará relativamente pequeno, seu dado deve conter, no máximo, o número 3.
- Tire "par ou ímpar" para combinar a sequência em que os grupos jogarão.

- Assim que iniciar, um aluno do grupo joga o dado para ver quantas casas irá avançar, se acertar a pergunta.

- Em seguida, você sorteia uma ficha-pergunta e a lê em voz alta (ou solicita que alguém do grupo leia).

- Dê um tempinho para o grupo pensar e responder.

- Se responderem corretamente, avançam o número de casas que tiraram no dado. Caso caiam nas casas em que há um castigo, devem cumpri-lo. Se errarem, não saem do lugar.

- Depois disso, continue fazendo as mesmas ações, até que um grupo vença.

Funções da linguagem

Jogo 16

8º e 9º ano

Objetivo

- Fixar a função de linguagem que melhor se adapta aos textos, visando ao que ocorre no contexto.

Material

- Fichinhas com as funções.
- Cartas com pequenos textos, cuja linguagem se adeque à mensagem emitida.
- 1 dado.

Modelo de Fichinhas com as funções

FUNÇÃO REFERENCIAL	FUNÇÃO APELATIVA	FUNÇÃO EMOTIVA
FUNÇÃO METALINGUÍSTICA	FUNÇÃO POÉTICA	FUNÇÃO FÁTICA

Cartinhas para o jogo

Essas cartinhas têm três textos e um símbolo que representa seus valores:

 5 pontos   3 pontos   1 ponto

As sugestões que seguem podem ser usadas, todas ao mesmo tempo, ou selecionada por você, apenas com as funções já estudadas.

Caso prefira, adapte a seu modo.

Modelo

⭐ "Batatinha quando nasce, esparrama pelo chão (...)."

♡ Já respondi o e-mail da minha mãe, mas ela não leu, nem respondeu.

⚡ Não percam!! Só hoje: Compre 1, leve 2!!

⭐ Compre somente em nossas lojas!! Os preços são os melhores!!

♡ Já respondi o e-mail da minha mãe, mas ela não leu, nem respondeu.

⚡ – Alô.
– Alô, quem fala?
– Não estou ouvindo bem. Quem está falando? (...)

⭐ "Se eu fosse um peixinho, e soubesse nadar, eu tirava a Ana do fundo do mar."

♡ O jornal de nossa cidade só publica notícias ruins.

⚡ Um metro equivale a cem centímetros.

⭐ Já respondi o e-mail da minha mãe, mas ela não leu, nem respondeu.

♡ – Alô.
– Alô, quem fala?
– Não estou ouvindo bem. Quem está falando? (...)

⚡

⭐

♡ "Batatinha quando nasce, esparrama pelo chão (...)."

⚡ Ana Maria escreveu um bilhete aos amigos, comunicando sua ausência na festinha.

⭐ "Batatinha quando nasce, esparrama pelo chão (...)."

♡

⚡ – Pronto!
– Oi, é a Mônica?
– Oi, sim. Quem fala??

⭐ "(...) as abelhas ajudam a produzir um dos mais ricos e completos alimentos. Ele serve para nutrir as pequenas larvas que vão se transformar em abelhas dentro da colmeia"[1].

♡ – Pronto!
– Oi, é a Mônica?
– Oi, sim. Quem fala??

⚡ "Batatinha quando nasce, esparrama pelo chão (...)."

⭐ Querido diário, hoje quero registrar que tirei 10 na prova!! Feliz! Feliz!!

♡ Último dia de PRO-MOÇÃO! Compre dois pares de sapato, leve três!!

⚡ "(...) as abelhas ajudam a produzir um dos mais ricos e completos alimentos. Ele serve para nutrir as pequenas larvas que vão se transformar em abelhas dentro da colmeia"[2].

⭐ Não morre aquele que deixou na terra a melodia de seu cântico na música de seus versos (Cora Coralina).

♡ – Alô.
– Alô, quem fala?
– Não estou ouvindo bem. Quem está falando? (...)

⚡ "(...) as abelhas ajudam a produzir um dos mais ricos e completos alimentos. Ele serve para nutrir as pequenas larvas que vão se transformar em abelhas dentro da colmeia"[3].

---

1. Disponível em http://g1.globo.com/globo-reporter/noticia/2018/07/polen-tirado-das-flores-pelas-abelhas-e-um-antibiotico-natural-dizem-estudos.html – Acesso em 16/08/2018.
2. Disponível em http://g1.globo.com/globo-reporter/noticia/2018/07/polen-tirado-das-flores-pelas-abelhas-e-um-antibiotico-natural-dizem-estudos.html – Acesso em 16/08/2018.
3. Disponível em http://g1.globo.com/globo-reporter/noticia/2018/07/polen-tirado-das-flores-pelas-abelhas-e-um-antibiotico-natural-dizem-estudos.html – Acesso em 16/08/2018.

⭐ Um metro equivale a cem centímetros.

💜 Esse tic-tac dos relógios é a máquina de costura do Tempo a fabricar mortalhas (Quintana, 1994).

⚡ Último dia de PROMOÇÃO! Compre dois pares de sapato, leve três!!

⭐ Um metro equivale a cem centímetros.

💜 Meu amor: Estou morrendo de saudade!! Eu te amo!!

⚡ – Pronto!
– Oi, é a Mônica?
– Oi, sim. Quem fala??

⭐ Último dia de PROMOÇÃO! Compre dois pares de sapato, leve três!!

💜 A colisão entre os dois carros não deixou nenhum passageiro ferido.

⚡ Meu amor: Estou morrendo de saudade!! Eu te amo!!

⭐ O que vale na vida não é o ponto de partida, e sim a caminhada. Caminhando e semeando, no fim terás o que colher (Cora Coralina).

💜 VOTE EM MIM!!! Você não se arrependerá!

⚡ A colisão entre os dois carros não deixou nenhum passageiro ferido.

⭐ O que vale na vida não é o ponto de partida e sim a caminhada. Caminhando e semeando, no fim terás o que colher (Cora Coralina).

💜 A colisão entre os dois carros não deixou nenhum passageiro ferido.

⚡ LIBRAS significa Língua Brasileira de Sinais.

⭐ VOTE EM MIM!!! Você não se arrependerá!

💜 Esse tic-tac dos relógios é a máquina de costura do Tempo a fabricar mortalhas (Quintana, 1994).

⚡ E-mail quer dizer "correio eletrônico"

⭐ LIBRAS significa Língua Brasileira de Sinais.

♡ **EU TE AMO!!!**

⚡ – Alô.
– Alô, quem fala?
– Não estou ouvindo bem. Quem está falando? (...)

⭐ VOTE EM MIM!!! Você não se arrependerá!

♡ *Querido diário, hoje quero registrar que tirei 10 na prova!! Feliz! Feliz!!*

⚡ LIBRAS significa Língua Brasileira de Sinais.

⭐ Esse tic-tac dos relógios é a máquina de costura do Tempo a fabricar mortalhas (Quintana, 1994).

♡ **EU TE AMO!!!**

⚡ Já respondi o e-mail da minha mãe, mas ela não leu, nem respondeu.

⭐ O jornal de nossa cidade só publica notícias ruins.

♡ "Todos estes que aí estão atravancando o meu caminho. Eles passarão. Eu passarinho!" (Quintana, 1994)

⚡ VOTE EM MIM!!! Você não se arrependerá!

⭐ E-mail quer dizer "correio eletrônico"

♡ O que vale na vida não é o ponto de partida e sim a caminhada. Caminhando e semeando, no fim terás o que colher (Cora Coralina).

⚡ – Pronto!
– Oi, é a Mônica?
– Oi, sim. Quem fala??

⭐ O que vale na vida não é o ponto de partida e sim a caminhada. Caminhando e semeando, no fim terás o que colher (Cora Coralina).

♡ O jornal de nossa cidade só publica notícias ruins.

⚡ Venha para nosso time!! Aqui somos vencedores!!

Como jogar

- Organize os grupos e oriente-os sobre como jogar.
- Todos os grupos receberão X cartinhas (de acordo com o tempo disponível para o jogo e quantas cartas você produziu) com os textos que

representam as Funções de Linguagem e 6 fichinhas com o nome das funções, no centro da mesa, viradas para baixo.

- Para iniciar, alguém distribui um número igual de cartinhas para cada aluno; por exemplo, 4, e todos já ficam com uma delas na mão. As demais ficam guardadas.

- Em seguida, o jogador à esquerda vira uma fichinha de funções. O que estiver escrito nessa fichinha é que valerá para a rodada.

Exemplo 1

FUNÇÃO METALINGUÍSTICA

- Nesse momento, todos os alunos verificam em sua cartinha se há um período que corresponda àquela função.

Exemplo 2

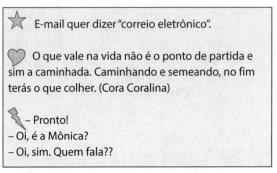

- Qualquer jogador do grupo que disser que tem e apresentar uma carta que NÃO corresponda estará fora dessa rodada.
- O(s) jogador(ss) que disser(em) que tem(têm), apresenta(m) a carta.
  - Este(s) lerá(ão) o texto que corresponde à função. Se acertar(em), terá(ão) que ver quem tem na carta o período com

maior pontuação (⭐ = 5 💜 = 3 e ⚡ = 1) para ver quantos pontos marcou(aram) nesse momento.

- É importante pedir para que justifiquem a escolha sobre a função nos períodos de cada cartinha.

- Quando só um aluno tiver o período correspondente à função e acertar, só ele levará a pontuação de sua carta.

- Para dar continuidade, para a próxima rodada, virarão outra fichinha do centro da mesa, para iniciar tudo novamente.

Jogo 17 Significação das palavras

> 8º e 9º ano

Objetivo

- Fixar a diferença entre Denotação e Conotação.
- Perceber e entender o emprego da linguagem figurada no contexto em que se encontra.
- Fixar algumas figuras de linguagem, para fazer melhor uso em suas produções.

Material

- Frases com palavras empregadas de forma conotativa e denotativa.
- Tabelinha para marcarem o gabarito (pode ser desenhada no próprio caderno).

Tabela 1

Comparação	Metáfora	Metonímia	Personificação	Antítese	Hipérbole	Eufemismo	Ironia	Gradação	Catacrese

Tabela 2 – Fichas-períodos (Modelo)

1 SEUS PNEUZINHOS JÁ ESTÃO MEIO EXAGERADOS. **COMECE A EXECITAR-SE!!**

2 POR FAVOR, NÃO FUME EM MEU CARRO: MINHA ALERGIA A CIGARROS **PODE ATACAR.**

3 MEUS CACHORROS SÃO COMO CRIANÇAS!

4 VOCÊ AGIU QUE NEM UMA DEUSA: **DELICADA E AGRADAVELMENTE!**

5 AS NUVENS DESABROCHARAM **E A CHUVA** CAIU **DELICIOSAMENTE...**

6 QUEBROU JUSTAMENTE A PERNA **DA CADEIRA EM QUE EU ESTAVA SENTADA!!!**

7. MEU PAI FICOU LOUCO DA VIDA, **QUANDO SOUBE DO ACIDENTE.**

8. QUANDO MEU AVÔ PARTIU PARA OUTRA DIMENSÃO, **FICAMOS COMPLETAMENTE SEM RUMO!!!**

9. LEMOS MACHADO DE ASSIS, **POR MUITAS VEZES SEGUIDAS.**

10. NO FRIO, **MINHA CASA É SEMPRE** QUENTE.

11. APÓS OS TRANSTORNOS, O PROBLEMA AMENIZOU, DIMINUIU E TORNOU-SE UM *PROBLEMINHA*, **APENAS!**

12. SUSAN HAVIA FALADO MIL VEZES **PARA O MARIDO TOMAR JEITO.**

13. AQUELA COBRA **DE VIZINHA NÃO PERDOA NEM MESMO A SI PRÓPRIA!!**

14. ALGO ME DIZ QUE O GERENTE ESTÁ SE DESPEDINDO, **COM AS ÚLTIMAS DECISÕES QUE TEM TOMADO.**

15. O VENTO ESTAVA LEVANTANDO **OS LENÇÓIS DO VARAL, INCONTROLAVELMENTE.**

16. BASTA OLHAR PARA O VESTIDO **DA MAGDA PARA SENTIR O DESAFIO QUE ENFRENTARÁ PARA CONSEGUIR UM NAMORADO.**

17. MINHA BARRIGA, CHEIA DE VAZIOS, RONCAVA **SEM PARAR. QUE VERGONHA PASSEI!!!**

18. ASSIM QUE MINHA AVÓ COLOCOU O DENTE **DE ALHO NA CARNE, UM PERFUME MARAVILHOSO EXALOU...**

19. A GOTEIRA DA SALA CAUSOU UM DILÚVIO **INACREDITÁVEL!!**

20. A CHUVA VEIO DE MANSINHO, DEPOIS ENGROSSOU ATÉ QUE CHEGOU AQUELA TEMPESTADE!!

21. FORAM OS PÉS **DO CHICO QUE VENCERAM A PARTIDA; SEM DÚVIDA!**

22. RENI COMEU FEITO UM ANIMAL **E NEM SEQUER AGRADECEU.**

23. EM VEZ DE LUCI BATER NA CABEÇA **DO PREGO, ACERTOU O PRÓPRIO DEDO; POR ISSO ABRIU O BERREIRO.**

24. A LARANJA QUE VOCÊ ME DEU ESTAVA UM MEL**!!**

25. O CARRO DA LETÍCIA ERA FEIO E BONITO**; DEPENDIA DO JEITO QUE OLHÁVAMOS PARA ELE.**

26. – VOCÊ ESTEVE INSUPORTÁVEL NA FESTA!
– AH, NÃO DIGA ISSO, MEU AMOR!

27. O RÉU FALTOU COM A VERDADE**, POR ISSO FOI CONDENADO.**

28. A PANELA ESQUENTOU**, A PIPOCA** INCHOU, INCHOU ATÉ QUE ESTOUROU.

29. MEU PAI SEMPRE DIZIA: "TAL PAI, TAL FILHO"**, POIS EMBORA NÃO PRETENDESSE, FAZIA TUDO** COMO ELE.

30. EM CASA NÃO PODE FALTAR DANONE **NO CAFÉ DA MANHÃ.**

Como jogar

- Forme duplas ou trios.

- Oriente os alunos a desenharem a tabelinha em seu caderno ou leve-as prontas para eles colarem no caderno.

- Você inicia sorteando uma **Ficha-período**. Lê em voz alta, espera o grupo pensar, discutir e concluir em que casa assinalará (X) sua resposta, na tabelinha.

- Ao terminarem, você relê o período e vai perguntando a cada grupo, por que assinalou tal FIGURA. Após ouvir todos os grupos, você revela a resposta correta.

Observação

- Alguns períodos podem oportunizar discussões maiores devido ao fato de, às vezes, ter mais de uma figura. Esteja atento a isso e resolva da melhor maneira possível.

- Quem acertar, recebe 5 pontos.

- E o jogo continua até que as fichas-períodos acabem, ou conforme você tenha combinado.

Variedade linguística
Jogo 18

5º ao 7º ano

Objetivo

- Reconhecer os tipos de variação linguística e usá-los contextualmente corretos.

Material

- Feijão, milho ou algo que improvisem, para "marcar a casa no tabuleiro" onde o jogador "andará" para "tomar" o lado oposto.

Tabuleiro

Lado A

Lado B

- **Fichinhas com as variedades linguísticas.** Estas servirão apenas para consulta na hora do jogo.

| VARIAÇÃO HISTÓRICA | VARIAÇÃO SITUACIONAL | VARIAÇÃO REGIONAL GEOGRÁFICA | VARIAÇÃO SOCIOCULTURAL |

- **Fichinhas com os textos** que contenham variações linguísticas.

| UAI? TCHÊ BA BARBARIDADE!!! | O POGRESSO DU PAÍS É FRUTO DO TRABAIO DAGENTE, PESSOAR!! |

| SE NÓIS CUMÊ, BEBÊ E TRABAIÁ, NÓIS SAMO MINERO DOS BÃO, UAI?!! HUUUUMMM!! | PUTS!! AFF, GURI!! EITA, MANO VÉIO!! Ô LOCO, MEU!!! KKK, PIREI!!!! |

| A CONSTRUÇÃO DO SABER ACONTECE A PARTIR DAS AÇÕES COGNITIVAS E EMOCIONAIS. | VÓISMECÊ → VASSUNCÊ → VOCÊ → OCÊ → CÊ |

Modelo de Fichinhas com textos, apenas

1 SIM, COMPADRE, FAÇO MUITO GOSTO QUE O SENHOR VENHA PARA A FESTA!

2 TODAS AS MENSAGENS QUE ESTÃO NO *FACEBOOK* SÃO *FAKES*.

3 EM ITAPEVA, O BOLINHO DE FRANGO É TRATADO COMO "ENCAPOTADO".

4 PENSE BEM: SE ESFRIAR COMO ESCUTEI, O BICHO VAI PEGAR!!
NESTE FINAL DE SEMANA, PREPAREM-SE PARA AS CHUVAS, POIS A METEOROLOGIA ALERTA
QUE HAVERÁ BASTANTE CHUVA EM NOSSA REGIÃO.

5 *NÓS NÃO SEMOS TATU! NO OUTRO DIA ENCONTREMO COM O ARNESTO* (SAMBA DO
ARNESTO – ADONIRAN BARBOSA, 1953).

6 NÃO IMPORTA SE A MACAXEIRA É MELHOR OU PIOR; O QUE INTERESSA É SABER
QUE TEM.

7 A MEMÓRIA RAM DO SEU PC É A CURTO PRAZO E É MEDIDA EM GIGABYTES.

8 PEÇO SUA BÊNÇÃO, PADRINHO! DISSE A MENINA, PARA O HOMEM SÉRIO.

9 ATENÇÃO, MENINOS: A MELHOR MANEIRA DE SE EXPRESSAR QUANDO ESTIVEREM
FRENTE AO PÚBLICO É PRONUNCIAR BEM AS PALAVRAS E NÃO TEREM PRESSA. A CALMA
É TUDO.

10 E AÍ, CARA, TAMO JUNTO? – SIM, BELÊ!!

11 GALERA, AGORA É HORA DA DESFORRA!! OU GANHAMO, OU PERDEMO!!!

12 "ANTIGAMENTE, AS MOÇAS CHAMAVAM-SE *MADEMOISELLES* E ERAM TODAS MIMOSAS E MUITO PRENDADAS [...]" (CARLOS DRUMMOND DE ANDRADE, 1962).

Como jogar

- Este jogo pode acontecer em duplas (uma pessoa de frente para a outra).

- Distribua para cada um: 1 fichinha com as variedades linguísticas no centro da mesa (*apenas* para consulta), 3 fichas com os textos para cada dupla e 1 tabuleiro para "andarem sobre as casas".

- Estas fichas com textos não devem ser expostas até que o jogo inicie.

- Cada dupla, em sua vez, terá que desafiar a outra.

- A 1ª escolherá uma **fichinha com texto** e lerá para a adversária, perguntando qual a variedade linguística que se adequa a ela.

- O jogador desafiado pode consultar a fichinha com as variedades linguísticas que está sobre a mesa.

- Se acertar, avança uma casa na tabela; se errar, fica no lugar.

- Os dois alunos de cada dupla devem ter o mesmo número de oportunidades (3 fichinhas para cada um).

- Quem chegar primeiro no lado oposto da tabela vence o jogo. Pode acontecer de empatar, mas não há problema.

Processo de formação das palavras

Jogo 19

> 7º ao 9º ano

Objetivo

- Reconhecer os tipos de formação de palavras; seus sentidos quando contextualizadas e entender a razão de suas nomenclaturas.

Material

- Fichinhas com questões (sugestões abaixo).
- Cartões de bingo com os nomes dados aos tipos de Formação: **Derivação** (Prefixal, Parassintética, Regressiva, Sufixal e Imprópria) e **Composição** (Justaposição, Aglutinação).

Modelo

PREFIXAL		REGRESSIVA
	PARASSINTÉTICA	
JUSTAPOSIÇÃO		SUFIXAL

	AGLUTINAÇÃO	
JUSTAPOSIÇÃO	PREFIXAL	SUFIXAL
	IMPRÓPRIA	

PREFIXAL		REGRESSIVA
	IMPRÓPRIA	
JUSTAPOSIÇÃO		AGLUTINAÇÃO

	AGLUTINAÇÃO	
JUSTAPOSIÇÃO	PREFIXAL	PARASSINTÉTICA
	REGRESSIVA	

PREFIXAL		REGRESSIVA
	PARASSINTÉTICA	
JUSTAPOSIÇÃO		SUFIXAL

REGRESSIVA		
IMPRÓPRIA	PARASSINTÉTICA	SUFIXAL
		REGRESSIVA

PARASSINTÉTICA		REGRESSIVA
	JUSTAPOSIÇÃO	
AGLUTINAÇÃO		PREFIXAL

PREFIXAL		
IMPRÓPRIA	PARASSINTÉTICA	SUFIXAL
		REGRESSIVA

PARASSINTÉTICA		
SUFIXAL		IMPRÓPRIA
	JUSTAPOSIÇÃO	AGLUTINAÇÃO
	SUFIXAL	
JUSTAPOSIÇÃO	PREFIXAL	PARASSINTÉTICA
	IMPRÓPRIA	

PREFIXAL		AGLUTINAÇÃO
	PARASSINTÉTICA	
JUSTAPOSIÇÃO		SUFIXAL

AGLUTINAÇÃO		
IMPRÓPRIA	PARASSINTÉTICA	JUSTAPOSIÇÃO
		REGRESSIVA

PREFIXAL		
IMPRÓPRIA	PARASSINTÉTICA	JUSTAPOSIÇÃO
		REGRESSIVA

PARASSINTÉTICA		SUFIXAL
		IMPRÓPRIA
	JUSTAPOSIÇÃO	AGLUTINAÇÃO

Modelo de Fichas-palavras (para sortear)

DESALMADA	**ESFRIAR**	**VINAGRE**
INFELICIDADE	**ENRAIVECER**	**ABENÇOAR**
ENGORDAR	**APODRECER**	**DESCONGELAR**
ENGAVETAR	**ESQUENTAR**	**EMAGRECER**
ENVERNIZAR	**ESBUGALHAR**	**DESLEAL**
DESONRA	**RECOMPOR**	**INQUIETO**

INFELIZ	REESCREVER	DESFEITO
DECAIR	EMIGRAR	DESCONHECER
ANTEPASTO	O CEDO	IRREAL
FIDALGO	AGUARDENTE	TRANSPORTE
INÚTIL	IMPRÓPRIO	ABATIMENTO
PLANALTO	BANCARROTA	ARVOREDO
NOMEAÇÃO	RUAZINHA	MEIA-LUA
BEM-ESTAR	RECICLÁVEL	CRIANÇADA
LIVRARIA	FELICIDADE	DENTISTA

NARRADOR	VIDRAÇA	BOIADA
O VIVER	O AMAR	O NÃO
O SIM	O CAIR	O DESPREZAR
O REVIGORAR	O ONTEM	O AMANHÃ
O INFELIZ	O ANIMADO	AFINADO
PERNALTA	ABATE	CHORO
COMBATE	VENDA	COMPRA
MENGO	JANTA	JAPA
NORDE	CAÇA	TOQUE

DEBATE	ERRO	PORTUGA
BIKE	MOTO	BOTECO
AGITO	ATAQUE	CASTIGO
PESCA	SUSTENTO	PESCA
SUSTENTO	PONTAPÉ	PONTAPÉ
INQUIETUDE	XENÓFOBO	NORDESTE
ABRE-ALAS	PISCA-PISCA	BEIJA-FLOR
PLANALTO	IRREVERSÍVEL	CASEBRE
COUVE-FLOR	AFINADO	PASSATEMPO

EMBORA	GUARDA-CHUVA	SEGUNDA-FEIRA
PÉ DE MOLEQUE	CACHORRO-QUENTE	ANTROPOFAGIA
PÉ DE GALINHA	BOQUIABERTO	ARQUEOLOGIA
CRONÔMETRO	MALMEQUER	INAPROPRIADAMENTE
DESAJEITADÍSSIMO	INCONVENIENTE	PEIXE-ESPADA
O AMANHECER	DESLEALMENTE	DESENCANTADA
DESLEALMENTE	DESENCANTADA	JOÃO PEREIRA
MACHADO DE ASSIS	DESFLORESTAR	O ENTARDECER
O DESABROCHAR	LUÍS PINHEIRO	ARMAZENAMENTO

EXPRESSIONISMO	SIMPLESMENTE	ESPIONAGEM
DESAJEITADAMENTE	DESEMBARQUE	TRANSBORDAR
REESCREVER	DESENVOLVIMENTO	DESIGUALDADE
ULTRAPASSAGEM		

Modo de jogar

- Nesse jogo, aplique as mesmas regras do "Bingo". Porém, no momento de jogar aproveite para trocar ideias sobre a Formação de Palavras. Por exemplo: Em todas as oportunidades, pergunte sobre os porquês de tal palavra ter tal formação.

- É relevante trabalhar o máximo com as reflexões sobre cada palavra, pois é uma tarefa que exige bastante raciocínio, uma vez que *há plena* oportunidade de *confundir*. Portanto, é preferível iniciar com grupos, e desenvolver o jogo, sem pressa para terminar. O que vale é o estudo e a ocasião para compreensão.

Jogo 20

Discurso direto
e indireto

6º ano

Objetivo

- Compreender o uso dos verbos dicendi no discurso.
- Distinguir os dois tipos de discurso.
- Transformar os discursos, empregando linguagem adequada ao contexto.

Material

- Um texto dialogado (Abaixo há uma sugestão).
- Envelopes com *fichas-tarefas* para todos os grupos (Ver sugestões).
- 1 dado.

O MACACO E O MOLEQUE

1 Iaiá Romana era o apelido porque toda a gente conhecia uma velhinha que possuía uma bela roça, onde havia, além de muitas outras frutas, uma bela plantação de bananeiras.

2 Quando as bananeiras estavam carregadas de cachos, a velha não tinha por quem mandar tirá-las, de sorte que ficavam maduras, e eram comidas pelos passarinhos, ou apodreciam.

3 Um dia, apareceu-lhe na roça um macaco, que lhe disse:

4 Ó tiazinha, por que é que a senhora não colhe essas bananas, que já estão maduras, e não as põe na dispensa? Se não tiver quem lhe faça esse serviço, aqui estou eu, ao seu dispor.

5 Romana aceitou o oferecimento. O macaco, porém, assim que se pilhou trepado nas bananeiras, começou a comer as maduras e jogar as verdes para a velha, que, desesperada, jurou vingar-se.

6 Desde esse dia, vivia constantemente a procurar um meio de apanhá-lo. Qual! O bicho era esperto, e ela ficava sempre lograda.

7 Mas, um dia, a velha lembrou-se de fazer uma figura de alcatrão, fingin-do um moleque, e colocou-lhe um tabuleiro de bananas bem madurinhas no cabo, como se as estivesse vendendo.

8 Poucas horas depois apareceu o macaco. Supondo que era mesmo um menino, pediu uma banana.

9 O moleque ficou calado.

10 Moleque, dá-me uma banana, senão levas um sopapo! gritou.

11 O moleque permaneceu calado, e o macaco desandou-lhe a mão, fican-do com ela grudada no alcatrão.

12 Moleque, larga a minha mão, senão levas outro sopapo!... repetiu o ma-caco. E o moleque sempre calado.

13 O macaco soltou outro bofetão, e ficou com a outra mão grudada.

14 Moleque! moleque! larga as minhas duas mãos, senão levas um pon-tapé!... berrou o mono, enfurecido.

15 Como é bem de ver, o moleque calado estava e calado continuava.

16 O macaco deu-lhe um pontapé, ficando com o pé preso.

17 Moleque dos diabos, larga meu pé que te dou outro pontapé! exclamou. E o moleque calado.

18 O macaco deu outro pontapé, e ficou com os pés presos. Aí não se con-teve mais, e disse:

19 Moleque dos infernos, larga os meus dois pés e as minhas mãos, senão te dou uma umbigada! E o moleque calado.

20 O macaco deu-lhe uma umbigada, e ficou completamente agarrado ao alcatrão. Assim que o viu preso, Iaiá Romana apareceu e castigou-o dizendo:

21 Eu não te disse, macaco, que havias de me pagar? Toma lá agora, para não vires caçoar comigo!

22 O macaco tanto se debateu, que afinal conseguiu se livrar do alcatrão, e nunca mais quis graças com a velha Romana.

(PIMENTEL, Alberto Figueiredo. HISTÓRIAS DA AVOZINHA, p. 66-67. 4. ed. – adaptada [Disponível em http://www.dominiopublico.gov.br/download/texto/bn000137.pdf – Acesso em 22/08/2018).

Modelo de Envelopes com as tarefas

1 Considerando o texto todo, quais são os verbos dicendi ("de dizer") que nele aparecem?

2 Muitas vezes, os verbos dicendi são acompanhados por determinada pontuação. Quais são os pontos mais usados, logo em seguida a eles?

3 No texto há verbos dicendi. Considerando "disse (§ 3, 18 e 21), pediu (§ 8), gritou (§ 10), exclamou (§ 17)". O autor poderia usar somente "disse", em lugar de todos esses, sem mudar o sentido?

4 "Um dia, apareceu-lhe na roça um macaco, que lhe disse: – Ó tiazinha, por que é que a senhora não colhe essas bananas, que já estão maduras, e não as põe na dispensa? [...] "Transcreva a fala do macaco para o Discurso Indireto.

5 Como ficará o trecho "Um dia, apareceu-lhe na roça um macaco, que lhe **disse**: – Ó tiazinha, [...]", se trocarmos o verbo "dizer" por "perguntar"? Comente.

6 Em "– Moleque, dá-me uma banana, senão levas um sopapo! gritou.", o que nos leva a perceber, nas palavras ameaçadoras do macaco, que ele realmente gritou? Explique.

7 Se a fala ameaçadora do macaco "– Moleque, dá-me uma banana, senão levas um sopapo!" fosse atual, como seria?

8 Passe para o discurso indireto: "– Moleque, larga a minha mão, senão levas outro sopapo!... repetiu o macaco".

9 Como ficaria a fala "– Moleque, larga a minha mão, senão levas outro sopapo!... repetiu o macaco", se o animal fosse educadinho?

10 Que outro verbo poderá substituir o que está em destaque: "O macaco deu-lhe um pontapé, ficando com o pé preso. – Moleque dos diabos, larga meu pé que te dou outro pontapé! **exclamou**", sem alterar o sentido.

11 Que outro verbo, no lugar de **disse,** pode representar tamanha raiva do macaco nesta fala: "Aí não se conteve mais, e disse: – Moleque dos infernos, larga os meus dois pés e as minhas mãos, senão te dou uma umbigada!

12 Crie a *fala do macaco,* no trecho a seguir, para o leitor perceber melhor os sentimentos do animal: "O macaco tanto se debateu, que afinal conseguiu se livrar do alcatrão, e nunca mais quis graças com a velha Romana", depois de "se desgrudou do moleque montado por dona Romana".

13 Transforme o discurso direto em indireto: "Se não tiver quem lhe faça esse serviço, aqui estou eu, ao seu dispor".

14 Se você fosse a dona Romana, o que responderia para o macaco, quando ele perguntou: "– Ó tiazinha, por que é que a senhora não colhe essas bananas, que já estão maduras, e não as põe na dispensa?" Escreva sua fala, com a pontuação adequada.

15 No parágrafo 5, a velha promete vingança ao macaco. Crie uma fala para dona Romana, expressando os sentimentos que ela deve ter sentido naquele momento.

16 Muitas vezes, as pessoas "pensam em voz alta". Represente, por escrito, como teria sido o pensamento da velha no parágrafo 7 ("... a velha lembrou-se de fazer uma figura de alcatrão, fingindo um moleque").

17 No parágrafo 8, acontece o primeiro pedido do macaco. Crie essa fala para ele.

18 Transforme em discurso direto o seguinte período: *Dona Iaiá contou aos netos que o macaco a incomodava demais, com frequência.*

19 Transforme em discurso direto o seguinte período: O macaco pediu umas três vezes para o menino lhe dar uma banana, escrevendo todas as falas do animal.

20 Comunique-se com um amigo, contando-lhe o que você ouviu quando passou pela casa de dona Iaiá, no seguinte momento: "– Eu não te disse, macaco, que havias de me pagar? Toma lá agora, para não vires caçoar comigo!"

21 Escreva um e-mail para sua professora, narrando o que aconteceu na seguinte cena, no parágrafo 19: "– Moleque dos infernos, larga os meus dois pés e as minhas mãos, senão te dou uma umbigada! E o moleque calado".

22 Faça de conta que você assistiu a seguinte cena: *O macaco saiu do quintal da velha e correu à Delegacia de Defesa dos Animais, para dar queixa sobre ela.* Como foi a fala do macaco ao delegado que o atendeu? Escreva-a com adequação da linguagem.

23 Escreva um recadinho para seu grupo de *whatsapp* contando o que presenciara nas cenas narradas nos parágrafos 13 e 14: "O macaco soltou outro bofetão, e ficou com a outra mão grudada. – Moleque! moleque! larga as minhas duas mãos, senão levas um pontapé!... berrou o mono, enfurecido".

24 Você é um vizinho de dona Iaiá. Ao ver os maustratos com o macaco, você decidiu colocar-se em defesa dele. Escreva qual seria sua fala diante da velha senhora.

Como jogar

- Este jogo deverá ser usado após um trabalho com texto dialogado. No caso de ser este texto, explore-o bem, principalmente em relação à linguagem, pois é antigo e os alunos podem desconhecer alguma palavra.

- Organize os grupos e explique como se dará o jogo.

- Após distribuir 1 envelope (com três fichas-tarefas) para cada grupo, diga-lhes para abri-los, lerem, pensarem e responderem em seus cadernos.

- Após esse tempo de estudo, inicie a partida, jogando o dado para ver quanto valerá a rodada.

- Em seguida, peça ao grupo 1 que escolha qual de suas tarefas será respondida nesse momento (devido ao valor a que estão concorrendo).

- Escolhida, lerão em voz alta a pergunta e a resposta que redigiram, e a professora avaliará com a colaboração de todos.

- As perguntas que são pessoais só estarão incorretas se fugirem totalmente ao que se pede. O(A) professor(a) será autoridade para validar ou não a resposta final.

- Se o grupo acertar, marcará X pontos, e assim continuam até acabar.

- Se algum grupo errar a questão, coloque em discussão para refletirem e compreenderem melhor sobre o tema.

- Vencerá o grupo que fizer mais pontos.

Jogo 21

Coesão textual

> 7º ao 9º ano

Objetivo

- Enfatizar a necessidade e importância do uso adequado dos mecanismos de coesão.
- Observar a relevância da coerência para o sentido adequado do texto.
- Conhecer mecanismos de coesão, observando como usá-los.

Material

- Fichas com tarefas.
- Fichas-apostas (Dobro e triplo).
- Dado.

> **Recursos de coesão usados neste jogo:**
> - Conjunção
> - Pronomes
> - Elipse
> - Advérbios pronominais (aqui, ali, lá, aí)
> - Nominalização
> - Palavras/expressões sinônimas
> - Numerais

Modelo

1 Reorganize o período a seguir, evitando repetição de termos iguais, usando um pronome:
A professora do 7º ano levou os alunos à Bienal. **Os alunos** voltaram encantados!!

2 Indique qual a relação semântica estabelecida pelos *conectivos* em destaque:
Como já era tarde, apenas resolvi o exercício **como** a professora orientou. **Mal** me dei conta de aprender o conteúdo.

3 Um bom recurso de coesão, para evitar a repetição de palavras, é a *elipse*. Em que lugar, no período abaixo, esse recurso foi usado?
Na viagem, todos os meninos levaram água e lanche, pois o professor disse que era para não se afastarem do grupo, durante a trilha.

4 Destaque, no período a seguir, que palavras são semanticamente retomadas pela nominalização (verbo X substantivo/adjetivo):
Ana Maria só tagarelou durante o filme!! As pessoas ao redor mal ouviram o áudio, pois a tagarelice da menina extrapolou!!

5 Elabore um novo parágrafo a partir deste: "Mauro insistiu com a avó que os tapetes, que ela tecia e não vendia, eram **inúteis**!!", empregando o recurso da nominalização da palavra destacada.

6 No período abaixo, foi empregado o recurso de coesão por sinônimo. Que palavras comprovam isso?
O professor de Matemática encheu a lousa de exercícios, e quando menos esperava, o quadro já tinha sido apagado.

7 O concurso não foi fácil para os **inscritos**, mas para mais ou menos **um quarto** deles, foi moleza!!!
Complete com a classe gramatical e os respectivos termos destacados:
O recurso de coesão empregado com as expressões destacadas é uma relação entre o... "..." e o..."...".

8 Todos os meus amigos compraram ingresso para a Festa do Peão, mas lá não estava como esperávamos.
Qual a expressão que retoma o substantivo "festa"? O que acontecerá com o sentido do texto, se trocar essa palavra por um pronome?

9 No período a seguir, foram usados dois recursos de coesão: nominalização e palavras sinônimas. Aponte tais recursos.
Os bancos do ônibus estavam já desgastados pelo tempo de uso, pois já usavam o veículo há mais de cinco anos!!

10 Aponte onde há elipse no período a seguir: Sempre que ia à feira, mamãe comprava alguma fruta exótica para conhecermos. Foi assim que nos apresentou a *pitaya* e o *bacuri* e passamos a comê-los com certa frequência.

11 No período abaixo há mais de um recurso de coesão. Aponte e denomine-os.
Os organizadores levaram muito mantimento para o retiro, mas não usaram nem três quintos, pois foi uma temporada muito curta.

12 "Tenho duas bolsas pequenas; você uma e Luísa, nenhuma.", há elipses. Para melhor se expressar, o autor omitiu algumas palavras. Quais foram?

13 "No final do ano, faremos uma visita aos familiares, afinal, há anos não nos vemos."
A que palavra se refere o pronome "nos"? Além desse recurso de coesão (pronome), que outro foi empregado no mesmo período?

14 Aplique pelo menos dois recursos de coesão no período abaixo, para "limpar" o texto.
Clodô vivia preso na gaiola. Seu Mathias jamais soltava Clodô, pois o sr. Mathias tinha mania de colecionador e seu Mathias corria o risco de perder Clodô e não encontrar Clodô, nunca mais!

15 Aplique pelo menos dois recursos de coesão no período abaixo, para "limpar" o texto.
Ao entrar no barco, Jurema declarou guerra. Como ela não sabia nadar, Jurema disse que se ela caísse na água, Lindoval teria que pular para salvar ela, além do mais, Lindoval iria ouvir muitas expressões impróprias, pois Jurema estava cansada de dizer que não sabia nadar.

16 Aponte quais as relações de sentido que as palavras destacadas exercem no período:
Assim que a sessão terminou, ouvimos vozes no cinema, **mas** ao atingirmos o corredor presenciamos uma gritaria **tão** intensa **que** pensamos que tudo estava se desmoronando.

Modelo

DOBRO	TRIPLO	DOBRO	TRIPLO
DOBRO	TRIPLO	DOBRO	TRIPLO

Como jogar

- Divida os alunos em 4 grupos.
- Entregue a cada grupo uma ficha-aposta DOBRO e uma TRIPLO.

- Coloque as fichas-tarefas sobre a sua mesa, viradas para baixo, aleatoriamente.

- Combine quantas rodadas terá o jogo – pois precisam saber para usarem as fichas-aposta.

- Jogue o dado para ver quanto valerá a rodada.

- Inicie com o 1º grupo à esquerda: solicite que um dos alunos venha à mesa e escolha uma ficha. Assim que escolhê-la, deve ler em voz alta para a sala.

- Esse aluno volta ao seu grupo e todos (dos 4 grupos) vão pensar, discutir sobre a resposta à pergunta e escrevê-la no caderno.

Observação

- Embora nesse momento "todos" estejam pensando, ainda é a vez daquele grupo que escolheu a ficha. Acontece que, se o grupo não acertar, você já chama outro, para responder imediatamente (pois já tiveram tempo para discutir).

- Marque uns 2 ou 3 minutos.

- Assim que você anunciar que o tempo acabou, todos largam o caderno sobre a carteira e você começa a perguntar-lhe se algum deles deseja usar a Ficha-aposta nesse momento.

- Supondo que no dado tenha saído 3, o grupo que arriscar o dobro (triplo), concorre a 6 (9) pontos, e entrega a ficha-aposta para você.

- Após terem decidido sobre a pontuação, pergunte a resposta a cada grupo.

- Quem acertar, marca os pontos.

- Continue dessa forma, até quando achar conveniente.

Jogo 22

Expressões duvidosas

7º ao 9º ano

Objetivo

- Associar algumas expressões semelhantes, em usos e contextos diferentes, de modo adequado.

Material

- Cartas com períodos e lacunas para completar com a expressão correta.
- Cartas com a expressão que completa corretamente a lacuna.

Modelo

...as cartas, Olavo escolheu apenas um Ás de ouro.	**Dentre**
...os Estados mais ricos do Brasil, está o Estado de São Paulo.	**Entre**
Carolina disse que... brigadeiro é delicioso; não há como escolher.	**todo**

...mundo já havia dito que choveria à noite!!	Todo o
Minha avó comentou que em Dom Casmurro, ... romance é fantástico!!	todo o
...que estudaram, foram bem na prova!	Todos os
...o circo chegou, não podemos perder espetáculo algum!!	Na medida em que
... Lucinda passou a trabalhar, começou a desenvolver-se em relação às responsabilidades.	À medida que
Lucas causou aquele tumulto... percebeu o quanto havia sido lesado com a proposta de Cirena.	na medida em que
... o salário foi aumentando, Jurema foi investindo em sua casa nova, pois logo iria mudar-se para lá.	À medida que
– Lucas, saia já daí, ...você vai escorregar!!	senão
Convidei-a para ir à Festa do Peão, mas... quiser ir, vou só!	se não

– Menino, ...trouxer a pizza agora, não precisa trazer mais!	se não
– Trate de cuidar de seu gato, ...ele foge e não volta mais!	senão
O professor... deixou-me ler o texto e já foi me mandando sentar.	sequer
Pense bem: ... ir comigo, trate de ajeitar as malas já!!	se quer
Meu pai me proibiu de viajar e... perguntou se eu já tinha as passagens pagas!!	sequer
Não sei o que você está programando para a festa, mas... que todos fiquem satisfeitos, contrate um bom *bufett*.	se quer
– Não se faça de..., você não leva jeito para isso, menino!!	mau
Não me leva a..., mas preciso lhe dizer algumas verdades!!	mal
O carinha... entrou em casa e já foi gritando com a irmã porque ela não havia feito o café da tarde.	mal

... estudar, Jônatas foi jogar futebol! E depois não quer que o pai lhe castigue!!!	Em vez de
Meu vizinho, no velório do patrão, ... chorar, ficou o tempo todo rindo das piadas que contavam.	ao invés de
... votar no candidato que a família escolheu, Jaqueline votou no adversário.	Ao invés de
Nos bolos que faço, ... colocar farinha de trigo, coloco a integral, pois é mais saudável.	em vez de
Julinho ficou... um metro do herói, mas não teve chance de pedir autógrafo.	a cerca de
Na primeira sessão, Leriza falou... suas peripécias por longas duas horas.	acerca de
Duarte chegou de Paris... dez dias e já se prepara para voltar.	há cerca de
Nada expuseram... saída do chefe, apenas lamentaram!!	acerca da
João Pedro e Norma não se encontravam... seis anos.	há cerca de

Como jogar

- Este jogo deve ser jogado em grupos.

- Cada grupo recebe um jogo completo. Se preferir (ou quiser que seja mais rápido), separe tantos pares quantos achar que deve.

- Assim que distribuir tudo, autorize para se familiarizarem com as cartas, e logo em seguida autorize que façam os pares.

- Marque um tempo (aproximadamente 5 minutos).

- Quando você anunciar que o tempo acabou, os grupos farão a correção.

- Um por vez lê um período e a palavra que usou para completar.

- Faça isso até as cartas acabarem.

- Vencerá o grupo que acertar mais pares.

Gabarito

Jogo 1 Classificação dos substantivos

(Gabarito no próprio jogo.)

Jogo 2 Flexão dos substantivos

As meninas rasgaram os lençóis.

Os anões tornaram-se coronéis.

Os trens partirão às onze horas.

Viajaremos todas as sextas-feiras para fazer o curso.

Em casa, não faltam couves-flores.

Nas salas as luzes são fracas.

Os ladrões fugiram pelos vitrôs da sala.

Meus pais sempre trazem (uns) bombons para mim. / Nossos pais sempre trazem bombons para nós.

Jogo 3 Artigos

O artigo definido expressa precisão aos substantivos. **O** jornal divulgou **o** prêmio anual de Redação. **A** leitura feita na sala levou **os** alunos à melhor compreensão do texto.
Quando o artigo se antepõe a qualquer palavra (de qualquer classe gramatical) pode torná-la substantivo. Após **o** sim, a noiva caiu em prantos!! Deve-se pensar melhor quando for usar **o** mais e **o** mas.

Os artigos indicam o número e o gênero dos substantivos.
O zoológico recebeu **as** zebras que estava esperando.
Na cesta toda enfeitada, viam-se **as** frutas e **os** doces preferidos do rei.

Às vezes, os artigos fazem combinações com preposição.
Entrou **num** beco escuro e arrepiou-se todo.
Na hora **da** bela menina revelar quem era seu amigo secreto, a luz se apagou.

O artigo pode revelar proximidade.
O acidente aconteceu **umas** oito horas.
O salão estava repleto! Devia ter **umas** duzentas pessoas...

O pronome indefinido "todo" apresenta conotação de "totalidade" quando seguido do artigo definido.
Na maleta encontrava-se todo **o** dinheiro do caixa.
O rapaz envolveu toda **a** família na confusão que criou.

O artigo não **deve aparecer junto ao pronome indefinido cujo.**
Encontramos a bolsa, cujos ⊘ papéis estavam guardados.
Helena revelou o livro cujas ⊘ folhas estavam amareladas.

O artigo define o sentido dos substantivos homônimos.
Lucas derrubou **o** rádio novo de sua avó.
No banco Mercosule S.A. **a** caixa é uma estúpida!!

Antes das palavras "casa" (lar) e "terra" (chão) não se usa artigo, exceto quando acompanhado de modificadores.
Enquanto todos festejavam, estávamos em ⊘ casa.
O ladrão entrou **na** casa do vizinho e foi surpreendido pelos donos.
Os astronautas continuaram em ⊘ terra, enquanto não lançavam o foguete.

O artigo deve ser usado entre o numeral "ambos" e o substantivo a que se refere.
Ambos **os** artistas cantam muito bem!!
Na dança de salão, ambos **os** irmãos se saíram muito bem!!

Antes dos pronomes de tratamento não se usa artigo; exceto frente às palavras: senhor(a), senhorita, dona e madame.
O agregado foi recebido por ⊘ Vossa Alteza, logo de manhã.
Luís foi escolhido para entregar as honras **à** senhora presidente do Conselho.

Antes dos pronomes possessivos, o uso do artigo é facultativo; depende da ênfase que se quer dar ao substantivo (ou não).
Foram **os** seus desleixos que atrapalharam sua carreira.
As minhas escritas revelam boa parte do meu perfil...

Para indicar familiaridade e/ou afetividade à outra pessoa, usa-se o artigo, diante do nome próprio.
Não encontrei **a** Márcia na comemoração ao dia dos professores.
A professora, logo após notar a ausência do garoto, perguntou em voz alta: "Onde **o** Lucas está, meninos??"

Antes dos pronomes "outro", "tal" e "certo", é mais elegante omitir artigo indefinido. ~~Um~~ certo dia, os alunos do 6º ano foram ao museu, porém, pouco aproveitaram. Após ler todas as redações, o professor selecionou de **um** outro aluno, e não, do tão esperado João.
O artigo definido pode ser usado para indicar uma "espécie" inteira. **A** hortelã é uma planta com propriedades terapêuticas. No planeta Terra, por enquanto, **o** homem é a espécie reconhecidamente como inteligente.
O artigo indefinido pode exaltar o substantivo, numa situação exclamativa. A entrega do prêmio foi **um** desastre!! Este trabalho ficou **uma** maravilha!!
Antes das horas é obrigatório o uso do artigo definido. No sábado, nosso setor trabalhou das 7h **às** 11h e ninguém reclamou! O encontro entre o casal ocorreu entre **as** 20h e **as** 21 horas.

Jogo 4 Emprego dos numerais

A vinte e três

B treze

C segundo

D primeiro

E Quinze

F Primeiro – décimo quarto – vigésimo terceiro.

G Dois milhões

H Três milhares

I Mil

J Mil, duzentos e trinta e quatro reais cinquenta e seis centavos (1.234,56).

K 2018 (sem ponto)

L 3.528 (com ponto)

M Dúzias

N Dobro – Quádruplo

O Triplas

P Dois terços

Q Um treze avos

Jogo 5 Classificação dos pronomes

POSSESSIVO	INDEFINIDO	PESSOAL	DEMONSTRATIVO	INTERROGATIVO	PESSOAL
RELATIVO	REFLEXIVO	INDEFINIDO	POSSESSIVO	REFLEXIVO	INTERROGATIVO
INTERROGATIVO	TRATAMENTO	INDEFINIDO	TRATAMENTO	RELATIVO	PESSOAL
DEMONSTRATIVO	POSSESSIVO	PESSOAL	INTERROGATIVO	INDEFINIDO	TRATAMENTO

Jogo 6 Adjetivos: O que é, o que é?

As ideias não são as mesmas; em cada período, o sentido expressa uma impressão/emoção diferente: Na 1ª, simplesmente expressa o tamanho; na 2ª, além do tamanho, revela delicadeza, e na 3ª, expressa mais carinho.	As ideias não são muito diferentes, mas "azulzinho" passa a impressão de maior serenidade, calmaria, paz, e "azul, azul" emite uma visão de reforço no tom do azul; está mais azul que o primeiro.
No primeiro período, "velho" está no sentido de um encantador que há um bom tempo exerce essa função; na outra, o encantador tem idade mais avançada; já é um senhor.	Nos versos de Moraes, o adjetivo "bonitinhas" expressa sentimento de carinho do poeta por elas.
Em "anel prateado", o adjetivo simplesmente aponta uma característica do anel, chamando pouco a atenção do leitor. No segundo período, a oração adjetiva "que era de prata" destaca o material com o qual foi feito o anel, valorizando-o. No último período, a locução adjetiva "de prata" deixa o sentido intermediário mais valorizado que o "prateado" (pois pode ser apenas uma cor) e menos que a relevância do material de que foi produzido.	Nesse contexto, no 1º período, o adjetivo "lindinha" denota desprezo, ironia, desvalorização e "delicadinho" expressa carinho, satisfação por um bom resultado.
No 1º período, "docinhos" denota o tamanho dos doces; no 2º, usou-se "docinho" para ser agradável, fazer um elogio.	O adjetivo "mansinho" denota ideia de intensidade e "barulhento" expressa que o gato doidão entrou fazendo muito barulho.
Nesse período, "atordoadinho" foi empregado para tornar "menos forte a ideia de que o cachorro é "confuso, atordoado".	Nesse período, "temperadinha" denota *pouca importância*, valorizando o arranjo e o perfume da salada.
O adjetivo "branquinho" passa a ideia de que o gato era delicadinho; é uma forma carinhosa de tratá-lo. Outra possibilidade é a de que há outros gatos que sejam maiores e/ou de outras cores. Por outro lado, "doidão" denota que o cachorro estava descontrolado.	No 1º período, entende-se que, embora muito bela, a ênfase está na entrada da noiva; no 2º, destaca-se a beleza da noiva.

Nesse período, o adjetivo "barbudo" significa que o homem possuía quantidade expressiva de barba. "Carrancudo" denota que sua feição era de bravo; mostrava a cara feia, com mau humor.	Os adjetivos "cearense" e "carioca" significam a origem do cidadão.

Jogo 7 Emprego dos verbos: conjugação

(Gabarito no próprio jogo.)

Jogo 8 Emprego dos verbos: emprego

(O gabarito é a sequência em que estão organizadas as fichinhas para recortar.)

Jogo 9 Conjunções (Coordenadas e Subordinadas Adverbiais)

(O gabarito é a sequência em que estão organizadas as peças para recortar.)

Jogo 10 Advérbios

(O gabarito é a sequência em que estão organizadas as peças para recortar.)

Jogo 11 Concordância nominal

1 Correto

2 Correto

3 Incorreto – Luana vendeu as <u>botas</u> **novas** e **enrugadas**. / a <u>bota</u> **nova** e **enrugada**.

4 Incorreto – Na pasta havia <u>envelope</u> e <u>ficha</u> **preparada** [...]

4.1 Correto – Na pasta havia <u>envelope</u> e <u>ficha</u> **preparados** [...]

4.2 Correto

5 Correto

5.1 Incorreto – Meus pais adoram **as** comidas chinesa e japonesa.

6 Correto

6.1 Incorreto – As páginas *quintas* e *sextas* estão rasgadas.

7 Correto

8 Incorreto – **Nem uma nem outra** *festa* **sertanejas** estarão [...].

9 Correto

10 Incorreto – **A** entrada sem permissão, nesta sala, é **proibida**.

10.1 Correto

11 Incorreto – Janaína, assim que recebeu o presente [...] "muito **obrigada**"!

11.1 Correto

11.2 Correto

11.3 Correto

11.4 Incorreto – Meus pais ficaram **bastante** preocupados [...].

Jogo 12 Concordância verbal

(O gabarito é a sequência em que estão organizados os períodos e as regras, nas orientações para confecção do material.)

Jogo 13 Uso da crase

Chegamos **a** São Paulo **as** 11 horas em ponto! – Certo – R. 4 / E – R. 13
Entramos **a** esquerda da rua principal e nos perdemos. E – R. 1
À tarde, **às** terças-feiras, meu irmão passa aqui. C – R. 1
Lucas não entregou **à** você, o convite da festa? E – R. 2
Ontem fomos **àquele** museu que você nos indicou. C – R. 7
Vá até **a** dispensa e traga-me a pipoca. C – R. 10
Os anões foram até **à** casa da Branca de Neve para sondá-la. C – R. 10
Andaram fazendo críticas **à** Maria Antônia, sem razão. C – R. 6
Mário colocou-se **à** pensar que estava errado fazendo **àquele** plano. E – R. 2 / E – R. 7
Logo no final do debate, o moderador entregou-se **à** questões pouco pertinentes. E – R. 3
Os professores chegaram **a** conclusões absurdas sobre a prova. C – R. 3
As meninas não contaram o ocorrido **a** ninguém!! C – R. 2
O grupo dos meninos, muito irritado, ficou cara **a** cara com o líder do grupo desafiante. C – R. 11
Ao chegar **à** sala, Isabela entregou o presente **à** Lucas, timidamente. C – R. 6 / E – R. 12
Às vezes, passamos horas pensando na possibilidade de fazer algo novo, e nos colocamos **à** divagar... C – R. 1 / E – R. 2
Jamais irei **àquele** lugar misterioso; tenho medo!! C – R. 7

Os livros **à** que me referi são de Castro Alves. C – R. 8
Chegamos **à** bela Brasília, ao anoitecer. C – R. 4
O professor entregou os trabalhos **à** Pedro, pois era o único do grupo que estava na sala. E – R. 12
Gabriel confessou **à** garota que a amava. C – R. 6
Orlando se referiu **à** cenas dramáticas do filme. E – R. 3
Não consigo perceber **a** quem você puxou!! C – R. 2
Vanda entregou o dinheiro **à** você, quando estávamos na cantina, Mariana! E – R. 2
Se eu fosse você, não contava nada **às** suas amigas. C – R. 5
Vivo **as** minhas custas!! Deixe-me!!! C – R. 5
Dia **à** dia Helena sai para trabalhar **as** cinco da manhã. E – R. 11 / E – R. 13
Entro **às** quatro e saio **às** vinte e duas horas. C – R. 13

Jogo 14 Regência nominal

A encomenda da blusa de crochê era impossível... se fazer para dia três.   DE

A equipe vencedora é natural... uma cidade no interior... Rondônia.   DE

A partida foi escassa... boas jogadas. Terrível isso!!   DE

A união... os dois já era esperada... todos da sala.   ENTRE / POR

As crianças se mostraram agradáveis... todos.   A

Daniela sempre foi inconstante... suas ações; por isso, esqueça-a!!   EM

É necessário viver certo... que tudo passa a ser normal após as dificuldades.   DE

É preciso demonstrar muito respeito... mais velhos.   PARA COM

Há pessoas difíceis... se entender. Por que será??   DE

Hoje é difícil ver livros impróprios... leitores entre 10 e 18 anos.   PARA

Infelizmente, nenhum brasileiro fica isento... impostos.   DE

Lucas fez a tarefa em obediência... pais.   AOS

Meu pai é perito... crimes ambientais.   EM

Meus pais sempre estiveram contrários... quase tudo que eu faço.   A

Minha família sempre batalhou firme... tudo o que fez!!   EM

Ninguém está certo... vencer, se não for em busca da vitória!   DE

O atendente foi bastante generoso... meus pais.   COM

O delegado foi misericordioso... o grupo de malandros.   PARA COM

O diretor tem sido negligente... muitas ações na escola.   EM

O eletricista Marcos é muito entendido... ligações elétricas.   EM

O filme de ontem foi diferente... todos os que assisti, por isso gostei!!   DE

O grupo de trabalho fora constituído... cinco membros.   POR

O prédio da Receita Federal fica... a Lojas Cem e a igreja.   ENTRE

O sistema implantado pelo governo será benéfico... todos.   A

O troféu não é o essencial... o Luís Carlos; ele quer é participar!!   PARA

Os animais estão habituados... pastar à tarde, no sítio.   A

Os maldosos certamente são vazios... amor.   DE

Os professores estão em constante atenção... necessidades dos alunos.   ÀS

Professor Magno era erudito... toda sua forma de expressão!   EM

Que bom, que a Soraia é hábil... artes e criação de novidades!   EM

Resido... Limeira, mas trabalho... Campinas.   EM

Ricardo está indeciso... cursar Engenharia Civil ou Arquitetura.   EM

Samuel anda lento... tudo o que lhe peço para fazer.   EM

Se tomaram vacina, todos estão imunes... gripe.   A

Sempre fomos dedicados... crianças mais carentes.   ÀS

Seu histórico escolar está incompatível... os resultados de suas provas.   COM

Somos eternamente gratos... nossos vizinhos!!   AOS

Todos ficamos felizes... você ter resolvido tudo, sem se perder.   POR

Todos somos dignos... receber o prêmio; basta nos esforçarmos.   DE

Tudo o que comemos no almoço é equivalente... 120 calorias.   A

Jogo 15 Regência verbal

1 C

2 C

3 Vocês **foram à** entrega do prêmio ontem?"

4 No 1º período, "assistir" tem o sentido de "dar assistência, auxiliar", e no 2º, o sentido é "presenciar, ver".

5 Sim, pois o verbo esquecer, em sua regência correta, como não pronominal, deve ser V.T.D., ficando então: "Alguém **esqueceu o** dinheiro para a campanha?"

6 Sim, pois foi empregado como V.T.I., exigindo O.I. iniciado com a preposição "a".

7 No 1º período foi empregada a linguagem informal, coloquial, e no 2º, a padrão, pois o verbo **ir** é intransitivo e pode vir acompanhado de Adjunto Adverbial de Lugar: "quem vai, vai **a** algum lugar!"

8 Não, embora o sentido continue o mesmo. No 1º período, encontra-se na variedade coloquial (V.T.D.) e no segundo, na forma padrão (V.T.I.).

9 Expressar-se dessa forma só é permitido na variedade coloquial; na norma culta devemos dizer: "**Prefiro** a leitura **ao** que o filme", pois esse verbo, é Transitivo Indireto e exige objeto direto.

10 "Visar" nesse contexto, significa "pôr visto; assinar"; normalmente, na variedade coloquial, diz-se "vistar".

11 Observar o seguinte, na construção, que "visar" deverá funcionar dos seguintes modos: "mirar" e "pôr visto" (VTD) e Objetivar (VTI).

12 O verbo "aspirar" pode mudar o sentido, nas seguintes circunstâncias: No sentido de "aspirar, sugar" será VTD e no sentido de "almejar, pretender", VTI.

13 (B) – (A) – (C)

14 Observar o seguinte, na construção, que "informar": deverá funcionar acompanhado de OD e OI. Ex.: Informei-**me** *sobre o acidente*. Ou Carlos informou **a todos**, *o ocorrido na fábrica*, após o almoço.

15 A – B

16 A

17 C

18 Encontra-se na variedade coloquial, pois sua regência na norma culta é VTI (Quem perdoa, perdoa **a** alguém).

19 C

20 O 1º período está correto, de acordo com a linguagem culta; o 2º, encontra-se na linguagem coloquial.

Jogo 16 Funções de linguagem

(Sugestões de resposta)

Poética Emotiva Apelativa	Apelativa Emotiva Fática	Poética Informativa – Referencial Metalinguística

Poética Fática Apelativa – Referencial	Apelativa – Referencial Poética Informativa	Poética Apelativa – Referencial Fática

Informativa – Referencial Fática Poética	Poética Apelativa Informativa – Referencial	Poética Fática Informativa – Referencial

Informativa – Referencial Poética Apelativa	Informativa – Referencial Expressiva Fática	Apelativa Informativa – Referencial Expressiva

Poética Apelativa Informativa – Referencial	Poética Informativa – Referencial Metalinguística	Apelativa Poética Metalinguística

Metalinguística Expressiva Fática	Apelativa Expressiva Metalinguística	Poética Expressiva Poética

Informativa – Referencial Poética Apelativa	Metalinguística Poética Fática	Poética Informativa – Referencial Apelativa

Jogo 17 O sentido das palavras – Figuras de linguagem

Compa- ração	Metá- fora	Meto- nímia	Personi- ficação	Antítese	Hipér- bole	Eufe- mismo	Ironia	Grada- ção	Cata- crese
3-4-22-29	1-13-24	2-9-21-30	5-15-17	10-17-25	7-12-19	8-14-27	1-16-26	11-20-28	6-18-23

Jogo 18 Variedade linguística

Histórica	Situacional	Regional/ Geográfica	Sociocultural
1 – 8 – 12 Fig. 6	2 – 7 – 11 Fig. 5	3 – 6 – 5 Fig. 1 – 3	4 – 9 – 10 Fig. 2 – 4

Jogo 19 Processo de formação das palavras

PARAS.	desalmada – esfriar – desflorestar – enraivecer – infelicidade – anoitecer – abençoar – engordar – apodrecer – descongelar – engavetar – esquentar – emagrecer – envernizar – esbugalhar
PREFIX.	desleal – desonra – recompor – inquieto – infeliz – reescrever– desfeito – decair – emigrar – desconhecer – antepasto – reescrever – irreal – desembarque – transbordar – transporte – inútil – impróprio
SUFIX.	abatimento – expressionismo – simplesmente – arvoredo – nomeação – ruazinha – armazenamento – espionagem – reciclável – criançada – livraria – felicidade – dentista – narrador – vidraça – boiada – casebre
IMPR.	o viver, o amar, o não, o sim, o cair, o desprezar, o revigorar, o ontem, o amanhã, o cedo, o entardecer, o desabrochar, o amanhecer – o infeliz – o animado – **Machado** de Assis – Luís **Pinheiro** – João **Pereira**
REGRES.	abate – choro – combate – venda – compra – mengo – janta – japa – norde – caça – toque – debate – erro – portuga – *bike* – moto – boteco – agito – ataque – castigo – pesca – sustento
PREF. + SUFIXAÇÃO	deslealmente – desencantada – inquietude – ultrapassagem – desajeitadamente – ilegalidade – desempregado – desenvolvimento – desigualdade – irreversível – inapropriadamente – desajeitadíssimo – inconveniente
JUSTAP.	pontapé – pé de galinha – passatempo – pé de moleque – cachorro-quente – girassol – guarda-chuva – segunda-feira – abre-alas – couve-flor – pisca-pisca – bem-estar – meia-lua – malmequer – peixe-espada – beija-flor
AGLUTIN.	planalto – embora – vinagre – fidalgo – aguardente – bancarrota – pernalta – arqueologia – xenófobo – nordeste – antropofagia – cronômetro – boquiaberto

Jogo 20 Discurso direto e indireto

1 Os verbos dicendi são: dizer, pediu, gritou, berrou

2 Os pontos mais usados, logo em seguida a eles são: dois pontos e travessão.

3 O autor poderia, porém, mudaria o sentido, em alguns deles.

4 "Um dia, apareceu-lhe na roça um macaco, que lhe dissera à tiazinha, por que ela não colhia aquelas bananas, que já estavam maduras, e não as punha na dispensa".

5 Ficará: "Um dia, apareceu-lhe na roça um macaco, que lhe **perguntou**: – Ó tiazinha, [...]" e em relação ao sentido, nada irá mudar.

6 A única marca que nos faz perceber que o macaco realmente gritou é **o ponto de exclamação.**

7 "– Ô, carinha me dá uma banana aí, senão te dou um soco!"

8 O macaco falou novamente ao moleque, que ele largasse sua mão, senão levaria outro sopapo.

9 "– Moleque, por favor, larga a(da) minha mão" – Repetiu o macaco.

10 Gritou, berrou.

11 Falou.

12 Pessoal. Sugestão: "– Nunca mais vou incomodar dona Romana!!"

13 O macaco disse à dona Romana, que se ela não tivesse quem lhe fizesse aquele serviço, ele estava ao dispor dela e poderia ajudá-la".

14 Pessoal.

15 Pessoal. Sugestão: "– Macaco sem-vergonha!! Ele que me aguarde!! Vou preparar uma armadilha para ele".

16 Pessoal. Sugestão: "– Ah! Já sei! Vou fazer um boneco de alcatrão para assustar o macaco danado!!"

17 Pessoal. Sugestão: "– Ei, menino, você pode me dar uma banana?"

18 *"Dona Iaiá contou aos netos: – O macaco me incomoda demais, todo dia!!"*

19 *"– Menino, me dá uma banana? Ei, Menino, me dá uma banana, vai!! Ei, me dá uma só! Por favor!"* (A intenção aqui é que o aluno responda, apresentando a fala empregando a graduação que ocorre no discurso.)

20 *Fulano*, quando passei pela casa da dona Iaiá, ouvi-a fazendo ameaças ao macaco, dizendo que ele iria pagar pelo que fez.

21 Pessoal.

22 Pessoal. Sugestão: Sr. Delegado, vim fazer uma queixa sobre dona Iaiá, pois ela me xingou, me ameaçou e me castigou fazendo uma armadilha para eu ficar grudado no boneco de alcatrão. Quero que o sr. tome providências.

23 Pessoal.

24 Pessoal.

Jogo 21 Coesão textual

1 A professora do 7º ano levou os alunos à Bienal. Eles voltaram encantados!!

2 Relação de causa – conformidade – modo

3 (...) que era para (**eles**) não se afastarem (...)

4 Tagarelou – tagarelice

5 Mauro insistiu sobre a inutilidade dos tapetes que sua avó tecia e não vendia.

6 Lousa – quadro

7 Há uma relação semântica entre o **substantivo "inscritos" e o numeral "um quarto".**

8 "Lá" – Se trocarmos por "ela" (ou outro pronome) continuará correta, porém deixará de apontar o "lugar", e passará a referir-se à própria festa, apenas. Agora o que tem mais importância é a festa e não o lugar onde aconteceu.

9 "Uso" e "usavam"; "ônibus" e "veículo".

10 (...) que **ela** nos apresentou... e **nós** passamos a comê-los...

11 ...mas **(eles)** não usaram nem **três quintos**, pois foi uma **temporada** muito curta. (Elipse – numeral – sinônimo)

12 ... **(tem)** uma **(bolsa)** ... **(tem)** nenhuma **(bolsa).**

13 ... **(nós)** – Elipse.

14 (Sugestão) Clodô vivia preso na gaiola. Seu Mathias, jamais **o** soltava, pois ⊘ tinha mania de colecionador e ⊘ corria o risco de perder o passarinho e não encontrá-**lo**, nunca mais!

15 (Sugestão) Ao entrar no barco, Jurema declarou guerra. Como ⊘ não sabia nadar, ⊘ disse que se ⊘ caísse na água, **ele** teria que pular para salvá-**la**, além do mais, **ele** iria ouvir muitas expressões impróprias, pois **a moça/jovem/mulher** estava cansada de dizer que não sabia nadar.

Tempo – ideia oposta – intensidade – consequência

Jogo 22 Expressões duvidosas

...as cartas, Olavo escolheu apenas um Ás de ouro.	Dentre
...os Estados mais ricos do Brasil, está o Estado de São Paulo.	Entre
Carolina disse que... brigadeiro é delicioso; não há como escolher.	todo
...mundo já havia dito que choveria à noite!!	Todo o
Minha avó comentou que em Dom Casmurro, ... romance é fantástico!!	todo o
... que estudaram, foram bem na prova!	Todos os
... o circo chegou, não podemos perder espetáculo algum!!	Na medida em que
... Lucinda passou a trabalhar, começou a desenvolver-se em relação às responsabilidades.	À medida que

Lucas causou aquele tumulto... percebeu o quanto havia sido lesado com a proposta de Cirena.	Na medida em que
...o salário foi aumentando, Jurema foi investindo em sua casa nova, pois logo iria mudar-se para lá.	À medida que
Lucas, saia já daí, ... você vai escorregar!!	senão
Convidei-a para ir à Festa do Peão, mas... quiser ir, vou só!	se não
Menino, ... trouxer a pizza agora, não precisa trazer mais!	se não
Trate de cuidar de seu gato, ... ele foge e não volta mais!	senão
O professor... deixou-me ler o texto e já foi me mandando sentar.	sequer
Pense bem: ... ir comigo, trate de ajeitar as malas já!!	Se quer
Meu pai me proibiu de viajar e... perguntou se eu já tinha as passagens pagas!!	sequer
Não sei o que você está programando para a festa, mas... que todos fiquem satisfeitos, contrate um bom *bufett*.	se quer
Não se faça de..., você não leva jeito para isso, menino!!	mau
Não me leva a..., mas preciso lhe dizer algumas verdades!!	mal
O carinha... entrou em casa e já foi gritando com a irmã porque ela não havia feito o café da tarde.	mal
... estudar, Jônatas foi jogar futebol! E depois não quer que o pai lhe castigue!!!	Em vez de
Meu vizinho, no velório do patrão, ... chorar, ficou o tempo todo rindo das piadas que contavam.	ao invés de
... votar no candidato que a família escolheu, Jaqueline votou no adversário.	Ao invés de
Nos bolos que faço, ... colocar farinha de trigo, coloco a integral, pois é mais saudável.	em vez de
Julinho ficou... um metro do herói, mas não teve chance de pedir autógrafo.	a cerca de
Na primeira sessão, Leriza falou... suas peripécias por longas duas horas.	acerca de
Duarte chegou de Paris... dez dias e já se prepara para voltar.	há cerca de
Nada expuseram... saída do chefe, apenas lamentaram!!	acerca da
João Pedro e Norma não se encontravam... seis anos.	há cerca de

Referências

CORALINA, C. [Disponível em https://www.pensador.com/frase – Acesso em ago./2018].

FERREIRA, M. *Aprender e praticar gramática*. 4. ed. São Paulo: FTD, 2014.

IMAGENS [Disponíveis em https://www.shutterstock.com/pt/image-photo – Acesso em ago./2018].

MORAES, V. *As borboletas* [Disponível em http://www.viniciusdemoraes.com.br/pt-br/poesia/poesias-avulsas/borboletas – Acesso em jun./2018].

PIMENTEL, A.F. *Histórias da avozinha*. 4. ed. adaptada, p. 66-67 [Disponível em http://www.dominiopublico.gov.br/download/texto/bn000137.pdf – Acesso em 22/08/2018].

Pólen tirado das flores pelas abelhas é um antibiótico natural, dizem estudos [Disponível em http://g1.globo.com/globo-reporter/noticia/2018/07/ – Acesso em ago./2018].

QUINTANA, M. *Tic-tac* [Disponível em https://www.revistabula.com/2329-os-10-melhores-poemas-de-mario-quintana/ – Acesso ago./2018].

TRAVAGLIA, L.C. *Na trilha da gramática* – Conhecimento linguístico na alfabetização e letramento. São Paulo: Cortez, 2013.

CULTURAL
Administração
Antropologia
Biografias
Comunicação
Dinâmicas e Jogos
Ecologia e Meio Ambiente
Educação e Pedagogia
Filosofia
História
Letras e Literatura
Obras de referência
Política
Psicologia
Saúde e Nutrição
Serviço Social e Trabalho
Sociologia

CATEQUÉTICO PASTORAL
Catequese
Geral
Crisma
Primeira Eucaristia

Pastoral
Geral
Sacramental
Familiar
Social
Ensino Religioso Escolar

TEOLÓGICO ESPIRITUAL
Biografias
Devocionários
Espiritualidade e Mística
Espiritualidade Mariana
Franciscanismo
Autoconhecimento
Liturgia
Obras de referência
Sagrada Escritura e Livros Apócrifos

Teologia
Bíblica
Histórica
Prática
Sistemática

REVISTAS
Concilium
Estudos Bíblicos
Grande Sinal
REB (Revista Eclesiástica Brasileira)

VOZES NOBILIS
Uma linha editorial especial, com importantes autores, alto valor agregado e qualidade superior.

PRODUTOS SAZONAIS
Folhinha do Sagrado Coração de Jesus
Calendário de mesa do Sagrado Coração de Jesus
Agenda do Sagrado Coração de Jesus
Almanaque Santo Antônio
Agendinha
Diário Vozes
Meditações para o dia a dia
Encontro diário com Deus
Guia Litúrgico

VOZES DE BOLSO
Obras clássicas de Ciências Humanas em formato de bolso.

CADASTRE-SE
www.vozes.com.br

EDITORA VOZES LTDA.
Rua Frei Luís, 100 – Centro – Cep 25689-900 – Petrópolis, RJ
Tel.: (24) 2233-9000 – Fax: (24) 2231-4676 – E-mail: vendas@vozes.com.br

UNIDADES NO BRASIL: Belo Horizonte, MG – Brasília, DF – Campinas, SP – Cuiabá, MT
Curitiba, PR – Fortaleza, CE – Goiânia, GO – Juiz de Fora, MG
Manaus, AM – Petrópolis, RJ – Porto Alegre, RS – Recife, PE – Rio de Janeiro, RJ
Salvador, BA – São Paulo, SP